LESSON 1

アルファベット(大文字

1 上下のカードを，アルファベットができるように線で結んで，できた文字を ＿＿ に書きましょう。（20点）1つ5

(1)　(2)　(3)　(4)

2 アルファベットの順になるように，絵の空いているところに大文字を書きましょう。（80点）1つ10

(1)

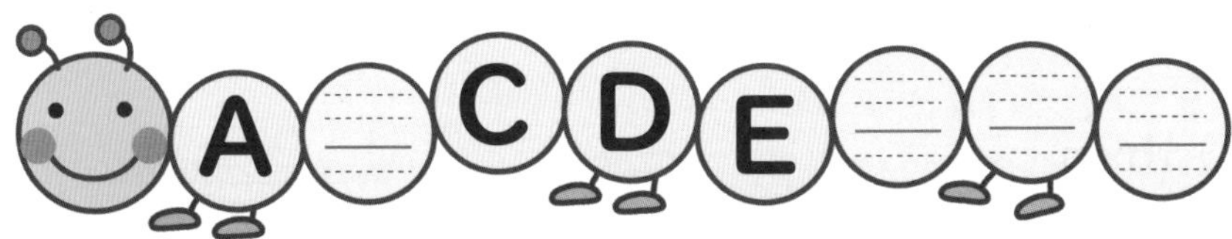

(2)

LESSON 2

アルファベット(小文字)

月　日

得点

点 合格 80点

1 次のアルファベットのマスをぬりつぶし，残ったものでできる単語を，絵をヒントにして小文字で書きましょう。

(40点) 1つ20

(1) f, u, y, r

r	y	u	t
u	c	r	f
r	f	y	r
y	u	f	a

(2) l, g, e, v, a

v	e	g	l	k
g	b	l	e	l
a	v	g	o	e
o	l	a	v	e
g	l	a	v	e

2 次の文字をアルファベット順にならべかえて書きましょう。(60点) 1つ20

(1) thxm

(2) qbip

(3) jdwo

答えは105ページ ☞

LESSON 3

わたしは～です。

月　日

得点

点　合格80点

1 絵と英語を線で結んで，正しい組み合わせにしましょう。

（60点）1つ20

(1)  ・　　　・ singer

(2)  ・　　　・ cook

(3)  ・　　　・ doctor

2 次の日本文に合う英文になるように，右の［　］から適（てき）する語を選んで，＿＿に書きましょう。文の始めにくる語も小文字で書いています。（40点）1つ20

am
are
I'm
you
I

(1) わたしは警官（けいかん）です。

＿＿＿＿＿ ＿＿＿＿＿ a police officer.

(2) あなたはメアリーです。

＿＿＿＿＿ ＿＿＿＿＿ Mary.

数えられる人やものの前には a か an を置くよ。

LESSON 4

わたしは～です。（様子を説明）

月　日

得点

点　合格 80点

1 絵に合う単語になるように，［　］からアルファベットを選んで□に書きましょう。（40点）1つ10

(1) 

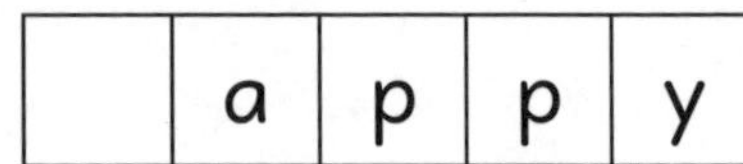

(2) 

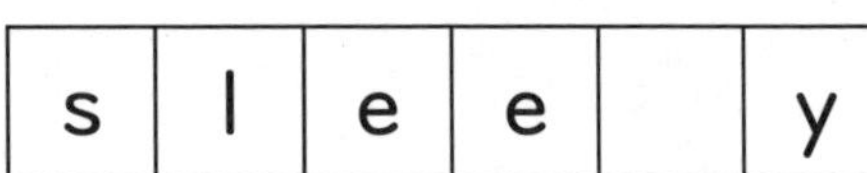

(3) 

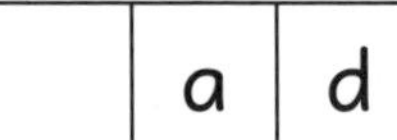

(4) 

	n		r	y

s, g, h, p, a, b

2 テル（Teru）が自分について話しています。テルになったつもりで(1)～(3)の内容（ないよう）を表す英文をつくりましょう。

（60点）1つ20

(1) I am tall.

(2) I am

(3)

(1) 背が高い（tall）
(2) 強い（strong）
(3) はずかしがり（shy）

答えは105ページ ☞

LESSON 5

～が好きです。

月　日

得点

点　合格 80点

1 下のアルファベットの表から，(1)～(5)の単語をタテ，ヨコ，ナナメでさがして◯で囲みましょう。(40点) 1つ8

a	b	c	a	t	m	j	c
f	k	e	b	l	e	s	n
o	f	b	a	q	i	t	l
x	n	i	p	r	d	o	g
t	i	g	e	r	d	h	n

例 lion「ライオン」
(1) cat「ネコ」
(2) dog「イヌ」
(3) tiger「トラ」
(4) fox「キツネ」
(5) bear「クマ」

2 次の日本文に合う英文になるように，(　)から適(てき)する語を選んで，＿＿に書きましょう。(60点) 1つ20

(1) わたしはヒツジが好きです。

I ＿＿＿＿＿＿ sheep.　(am　like)

(2) あなたは魚が好きですか。
—はい，好きです。

＿＿＿＿＿＿ you like fish?　(Do　Are)

— Yes, I ＿＿＿＿＿＿ .　(am　do)

Iは文の途中でも大文字で書くよ。

LESSON 6

～がほしい。

月　日

得点

点 / 合格 80点

1 下の絵を表す英語を，[ ] の中から選んで ＿＿ に書きましょう。（60点）1つ15

(1)　(2)　(3)　(4)

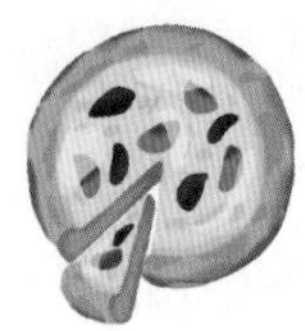

coffee, candy, pizza, juice

2 次の日本文に合う英文になるように，(　)内の語(句)をならべかえましょう。文の始めにくる語も小文字で書いています。（40点）1つ20

(1) わたしはアイスクリームがほしいです。

(want, ice cream, I).

＿＿＿＿＿＿＿＿＿＿＿＿＿＿＿＿ .

(2) あなたは紅茶がほしいですか。　(tea, you, want, do)?

＿＿＿＿＿＿＿＿＿＿＿＿＿＿＿＿ ?

答えは106ページ ☞

LESSON 7

～を持っています。

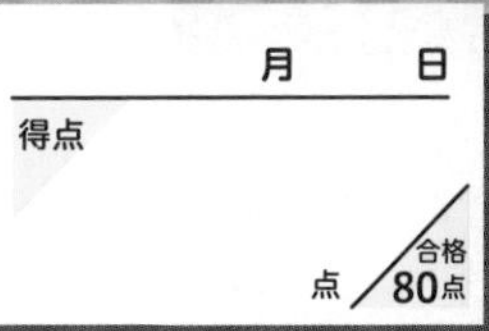

1 下の(1)～(4)の単語の意味を表す日本語を右から選んで，線で結びましょう。（60点）1つ15

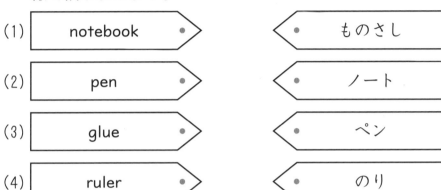

(1)
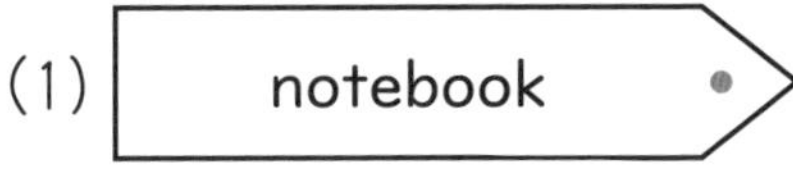

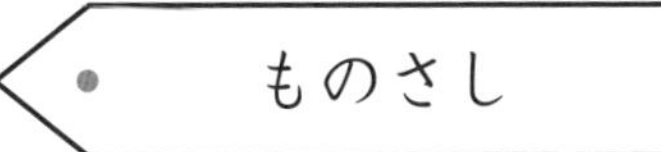

(2)
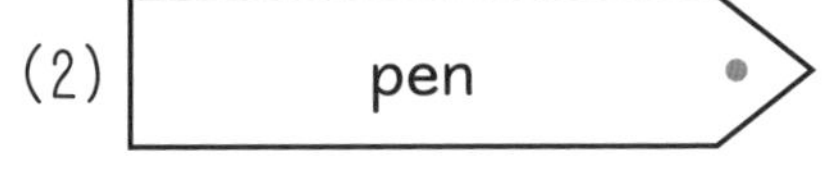

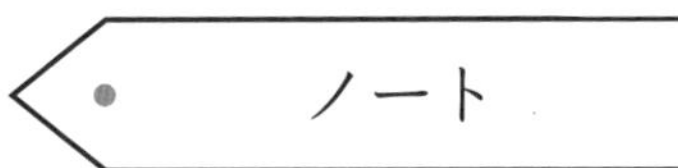

(3)
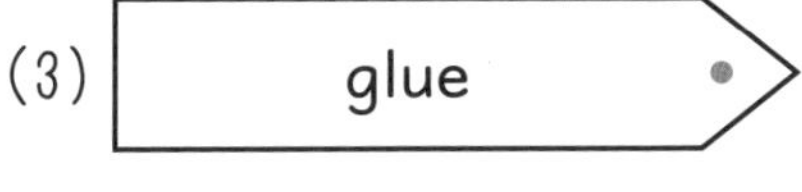

(4) ruler　　のり

2 次の絵の中の人物が言っている内容(ないよう)を表す英文として適(てき)するものを下の［　］から選んで［　］に書きましょう。

（40点）1つ20

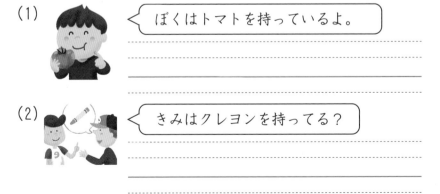

(1)

ぼくはトマトを持っているよ。

(2)

きみはクレヨンを持ってる？

I have a new pencil. / Do you have a crayon? / I have a tomato.

LESSON 8 何時に起きますか。

月　日

得点　点　合格80点

1 下の時計が表す時刻を英語でかきましょう。（60点）1つ15

(1)

o'clock

(2)

thirty-five

(3)

thirty

(4)

fifteen

2 次の日本文に合う英文になるように，(　)内の語をならべかえましょう。文の始めにくる語も小文字で書いています。（40点）1つ20

(1) あなたは何時に起きますか。

(time, do, what, you) get up?

____________________ get up?

(2) わたしは7時に夕食を食べます。

I (dinner, seven, at, eat).

I ____________________ .

答えは106ページ

LESSON 9

～できます。

月　日

得点

点　合格80点

1 (1)～(5)の日本語を英語に直して□にアルファベットを１文字ずつ書き入れましょう。そして［　］にできた単語を＿＿に書きましょう。(60点) 1つ10

(1) サッカー　s□ccer

(2) テニス　te□□is

(3) 泳ぐ　sw□m

(4) 止まる　st□p

(5) ピアノ　□ia□o

［　］にできた単語 ＿＿＿＿＿＿

2 次の日本文に合う英文になるように，(　)から適する語(句)を選んで＿＿に書きましょう。(40点) 1つ20

(1) わたしはバスケットボールができます。

I ＿＿＿＿＿＿ basketball.（ play　can play ）

(2) あなたはギターをひけますか。

＿＿＿＿ you play the guitar?（ Do　Can　Are ）

答えは107ページ ☞

LESSON 10

～したいです。

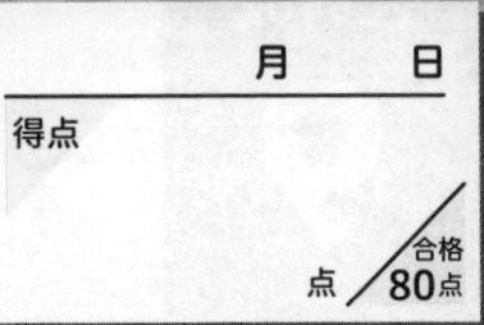

1 それぞれの単語がしりとりでつながるように，＿にアルファベットを１文字ずつ書き入れましょう。（60点）1つ12

ca ＿（ぼうし）→ ＿ ants（ズボン）→ s ＿oes（くつ）→ s ＿irt（スカート）→ T-sh ＿ rt（Tシャツ）

2 次の絵の内容（ないよう）に合う英文を下の［　］から選んで，＿＿に書きましょう。（40点）1つ20

(1)

(2)

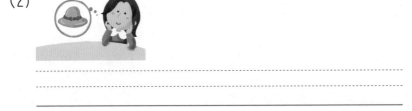

I want to sell a bag. / I want to buy a hat. / I want to buy a watch.

答えは107ページ ☞

LESSON 11

～に行きたいです。

月　日

得点

点　合格80点

1 正しい組み合わせになるように，絵と日本語，英語を線で結びましょう。（60点）1つ20

(1) 　•　•　オーストラリア　•　•　Australia

(2) 　•　•　カナダ　•　•　America

(3) 　•　•　アメリカ　•　•　Canada

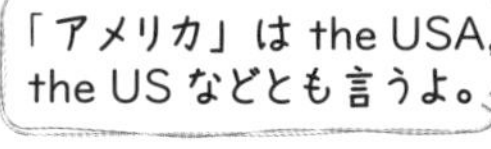

「アメリカ」は the USA,
the US などとも言うよ。

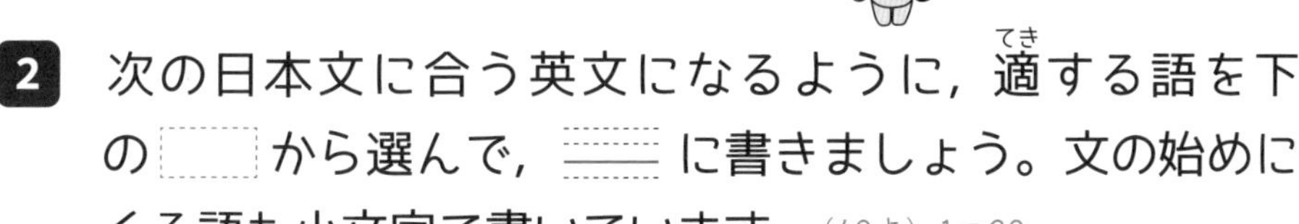

2 次の日本文に合う英文になるように，適(てき)する語を下の[　　]から選んで，＿＿に書きましょう。文の始めにくる語も小文字で書いています。（40点）1つ20

(1) あなたはどこに行きたいですか。

＿＿＿＿＿＿＿＿ do you want to go?

(2) わたしは中国(ちゅうごく)に行きたいです。

I want to ＿＿＿＿＿＿＿＿ to China.

where，go，what，come

LESSON 12

～はどこにありますか。

月　日

得点　点　合格80点

1 絵に合う単語になるように，□に合うアルファベットを書き入れましょう。（80点）1つ20

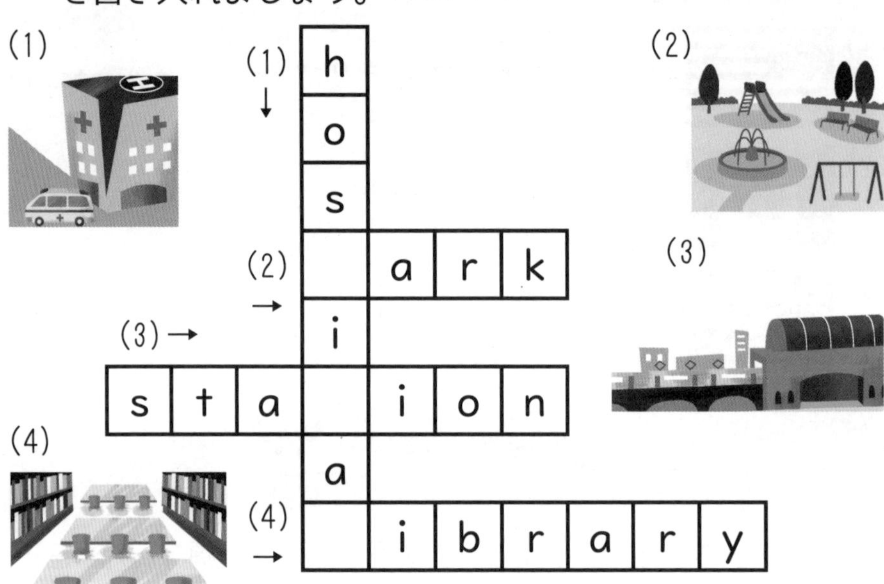

2 次の日本文に合う英文になるように，（　）から適(てき)する語を選んで，＿＿に書きましょう。（20点）1つ10

(1) 銀行はどこにありますか。　（ What　Where ）

＿＿＿＿＿＿ is the bank?

(2) あなたはどこにいますか。　（ are　is　am ）

Where ＿＿＿＿＿＿ you?

答えは107ページ☞

LESSON 13

整数と小数

月　日

得点　点／合格80点

1 □にあてはまる数を書きましょう。（30点）1つ5

❶ 67.5＝10×□＋1×□＋0.1×□

❷ 4.29＝□×4＋□×2＋□×9

2 7.352は，0.001を何こ集めた数ですか。（20点）

[　　　]

3 次の数を10倍，100倍，1000倍した数を書きましょう。（30点）1つ5

❶ 2.75

10倍[　　　] 100倍[　　　] 1000倍[　　　]

❷ 0.361

10倍[　　　] 100倍[　　　] 1000倍[　　　]

4 次の数は，それぞれ89.3を何分の一にした数ですか。

（20点）1つ10

❶ 8.93 [　　　] ❷ 0.0893 [　　　]

LESSON 14

分数と整数・小数

月　日

得点　　点　合格80点

1 商を，分数で書きましょう。（24点）1つ6

❶ 1÷5 [　　　　] ❷ 9÷10 [　　　　]

❸ 2÷7 [　　　　] ❹ 10÷3 [　　　　]

2 分数を，小数や整数に直しましょう。（24点）1つ6

❶ $\frac{1}{2}$ [　　　　] ❷ $\frac{1}{8}$ [　　　　]

❸ $\frac{3}{5}$ [　　　　] ❹ $\frac{12}{4}$ [　　　　]

3 小数や整数を分数に直しましょう。（32点）1つ8

❶ 0.7 [　　　　] ❷ 2.9 [　　　　]

❸ 0.19 [　　　　] ❹ 5 [　　　　]

4 次の数を，大きい順に左からならべましょう。（20点）

$\frac{2}{3}$，0，$\frac{3}{4}$，0.7，0.5

[　　　　　　　　]

答えは108ページ ☞

LESSON 15

倍数と約数 ①

月　日

得点

点　合格 80点

1 次の倍数を，小さい順に５つ書きましょう。（30点）1つ10

❶ ３の倍数　[　　　　]

❷ ７の倍数　[　　　　]

❸ 15 の倍数　[　　　　]

2 次の２つの数の公倍数を，小さい順に３つ書きましょう。（20点）1つ10

❶ ２と３　[　　　　]

❷ ４と６　[　　　　]

3 次の約数を全部書きましょう。（30点）1つ10

❶ ６の約数　[　　　　]

❷ 36 の約数　[　　　　]

❸ 13 の約数　[　　　　]

4 次の２つの数の公約数を全部書きましょう。（20点）1つ10

❶ 12 と８の公約数　[　　　　]

❷ 36 と 48 の公約数　[　　　　]

LESSON 16

倍数と約数 ②

月　日

得点

点 / 合格 80点

1 次の２つの数の最小公倍数を書きましょう。（40点）1つ10

❶ 5と8 [　　　　]　❷ 9と6 [　　　　]

❸ 7と14 [　　　　]　❹ 12と18 [　　　　]

2 次の２つの数の最大公約数を書きましょう。（40点）1つ10

❶ 18と24 [　　　　]　❷ 20と16 [　　　　]

❸ 24と19 [　　　　]　❹ 55と44 [　　　　]

3 ある駅では，バスは10分おきに，電車は8分おきに発車します。8時ちょうどに，バスと電車が同時に発車しました。次に同時に発車するのは何時何分ですか。（10点）

[　　　　]

4 えん筆が30本，ノートが24さつあります。それぞれを余（あま）りが出ないように等しく分けるとき，もっとも多くて何人に分けることができますか。（10点）

[　　　　]

答えは108ページ ☞

LESSON 17

小数のかけ算 ①

月　日

得点

点　合格 80点

1 30×2.6 の計算のしかたをまとめます。□にあてはまる数を書きましょう。（30点）1つ10

2.6 を □ 倍して，30×26 を計算すると 780 になります。この 780 を □ にして，答えは □ になります。

2 筆算で計算しましょう。（60点）1つ10

❶ 30×1.3　❷ 25×2.4　❸ 21×1.8

❹ 9×3.3　❺ 12×0.5　❻ 26×2.5

3 1 m のねだんが 80 円のリボンが売られています。このリボン 2.7 m では何円になりますか。（10点）

[　　　　]

LESSON 18

小数のかけ算 ②

月　日

得点

点 ／ 合格 80点

1 1.3×2.1 の計算のしかたをまとめます。□にあてはまる数を書きましょう。（20点）1つ5

1.3 を □ 倍，2.1 を □ 倍して，13×21 の計算をします。この答えの 273 を □ にして，答えは □ になります。

小数のかけ算は整数のかけ算と同じしかただよ。

2 筆算で計算しましょう。（60点）1つ10

❶ 3.1×1.2　❷ 2.2×4.1　❸ 5.2×1.5

❹ 7.2×0.6　❺ 0.8×0.9　❻ 1.25×0.4

3 積が 3.5 より小さくなる計算に○をつけましょう。（20点）

❶ [　　] 3.5×0.9　❷ [　　] 3.5×1.9

❸ [　　] 3.5×9.9　❹ [　　] 3.5×0.8

答えは109ページ ☞

LESSON 19

小数のわり算 ①

月　日

得点

点　合格 80点

1 7.8÷1.2 の計算のしかたをまとめます。□にあてはまる数を書きましょう。（20点）1つ5

7.8 を □ 倍，1.2 を □ 倍して，78÷12 を計算します。この答え □ が，7.8÷1.2 の答え □ になります。

2 筆算で，わり切れるまで計算しましょう。（60点）1つ10

❶ 33.6÷1.2　❷ 64.8÷2.7　❸ 3÷0.6

❹ 72÷1.2　❺ 39.5÷7.9　❻ 2.6÷6.5

3 商が 4.2 より大きくなる計算に○をつけましょう。（20点）

❶ [　　] 4.2÷1.1　❷ [　　] 4.2÷0.9

❸ [　　] 4.2÷2.5　❹ [　　] 4.2÷0.5

答えは109ページ ☞

LESSON 20

小数のわり算 ②

月　日

得点

点　合格75点

1 わり算の商を一の位まで求め，余(あま)りも出しましょう。

（45点）1つ15

❶ 1.9÷0.5　❷ 12÷0.7　❸ 14.8÷2.6

2 わり算の商を，小数第1位までのがい数で求めましょう。

（45点）1つ15

❶ 7÷1.3　❷ 80÷2.4　❸ 3.9÷0.9

3 面積が 16.1 m^2 の長方形の花だんがあります。たての長さは 4.6 m です。横の長さは何 m ですか。（10点）

[　　　　]

答えは109ページ ☞

LESSON 21

体 積 ①

月 日

得点

点 合格 80点

1 次の直方体や立方体の体積を求めましょう。(40点) 1つ20

❶

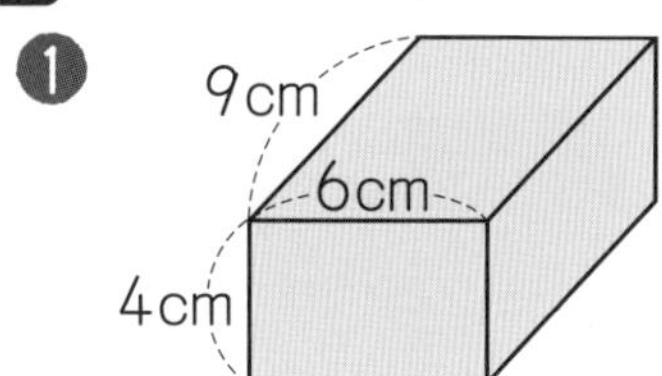

❷

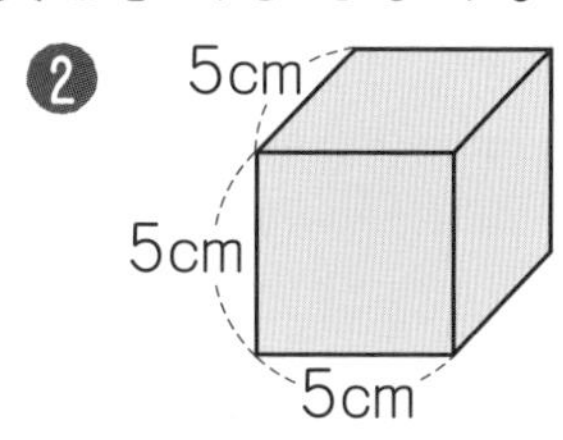

[ ] [ ]

2 右の直方体について，次の問いに答えましょう。(40点) 1つ20

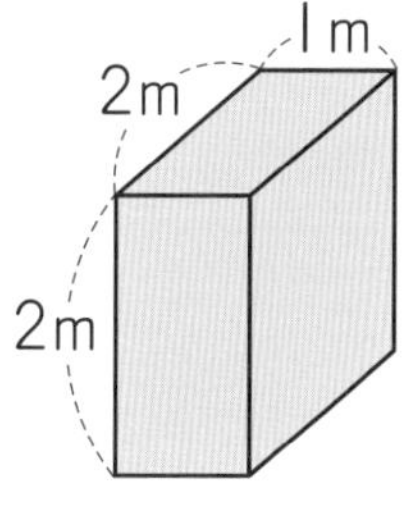

(1) 体積は何 m^3 になりますか。

[ ]

(2) 体積は何 cm^3 になりますか。

[ ]

3 右のてん開図からできる直方体の体積を求めましょう。(20点)

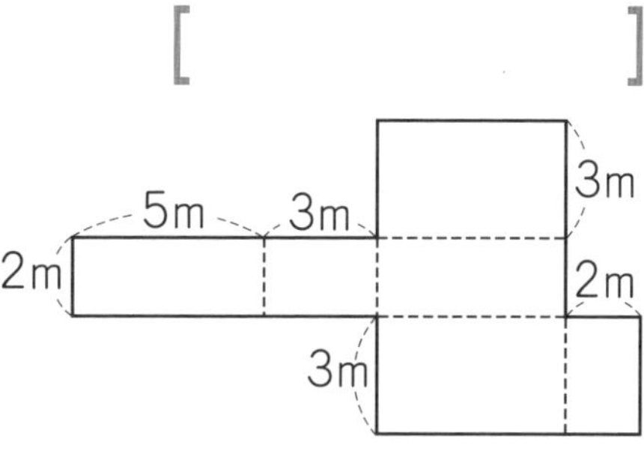

[ ]

LESSON 22

体　積 ②

月　日

得点

点 / 合格 80点

1 次の立体の体積を求めましょう。（50点）1つ25

❶

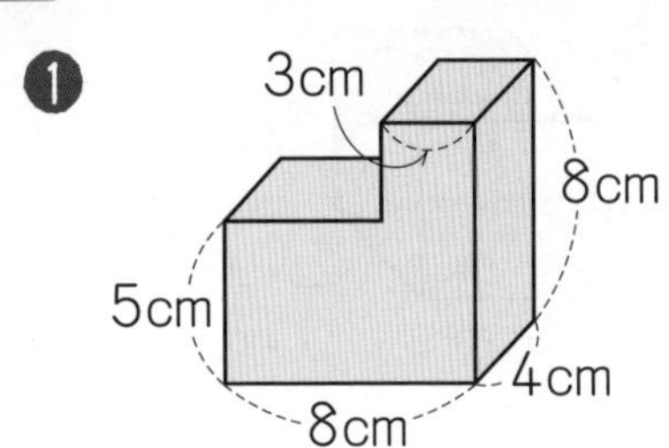

❷

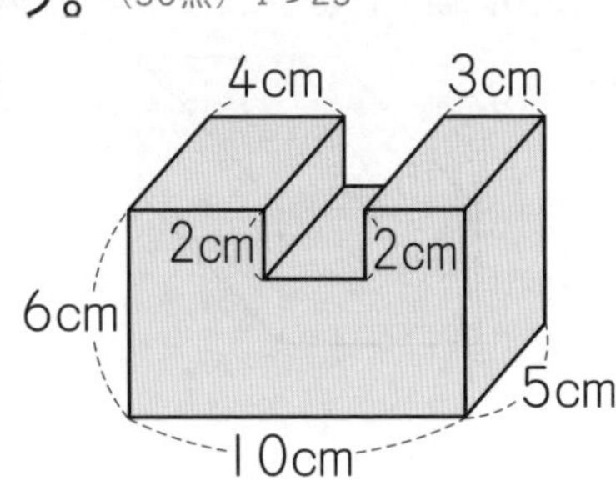

［　　　　　　］　　［　　　　　　］

2 たて 17 cm，横 20 cm の直方体の容器（ようき）があります。この容器に入る水の体積が 11.9 L のとき，容器の高さは何 cm ですか。（30点）

［　　　　　　］

3 □にあてはまる数を書きましょう。（20点）1つ5

❶ 1 m^3 ＝ □ cm^3　❷ 1 L ＝ □ cm^3

❸ 1 mL ＝ □ cm^3　❹ 1 m^3 ＝ □ L

答えは111ページ ☞

LESSON 23

合同な図形

月　日

得点

点　合格75点

1 下の三角形ABCと合同な三角形を㋐～㋔の三角形からすべて選び，記号で答えましょう。（25点）

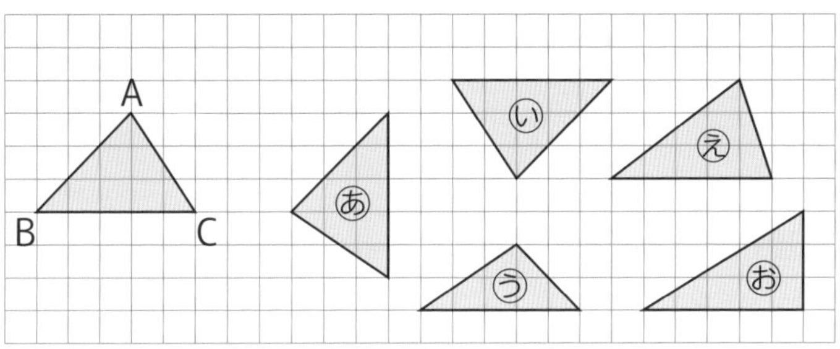

[　　　　　　　　]

2 右の2つの四角形は合同な四角形です。（50点）1つ25

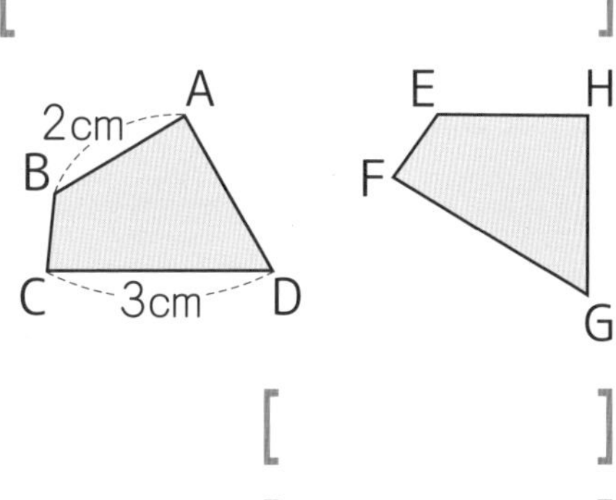

(1) 頂点(ちょうてん)Aに対応(たいおう)する頂点を書きましょう。

[　　　　]

(2) 辺FGの長さは何cmですか。 [　　　　]

3 2本の対角線で分けると，4つの合同な三角形ができる図形を選び，記号を書きましょう。（25点）

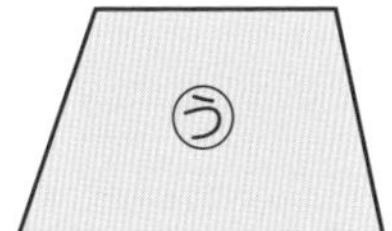

[　　　　]

LESSON 24

約分と通分

月　日

得点

点　合格 80点

1 □の中に数を入れて，大きさの等しい分数をつくりましょう。（20点）1つ5

❶ $\frac{8}{16}=\frac{\square}{4}=\frac{1}{\square}$　　❷ $\frac{2}{3}=\frac{\square}{6}=\frac{6}{\square}$

2 次の分数を約分しましょう。（48点）1つ8

❶ $\frac{8}{24}$　[　　　]　❷ $\frac{5}{35}$　[　　　]

❸ $\frac{6}{15}$　[　　　]　❹ $\frac{12}{16}$　[　　　]

❺ $\frac{22}{33}$　[　　　]　❻ $\frac{16}{48}$　[　　　]

3 次の2つの分数を通分しましょう。（32点）1つ8

❶ $\left(\frac{2}{3},\ \frac{1}{4}\right)$　[　　　]　❷ $\left(\frac{1}{3},\ \frac{2}{7}\right)$　[　　　]

❸ $\left(\frac{3}{10},\ \frac{1}{8}\right)$　[　　　]　❹ $\left(\frac{5}{6},\ \frac{2}{9}\right)$　[　　　]

答えは111ページ ☞

LESSON 25

分数のたし算とひき算 ①

月　日

得点　　点　合格80点

1 □にあてはまる数を書きましょう。（20点）1つ4

❶ $\frac{1}{2}+\frac{1}{3}=\frac{3}{6}+\frac{\square}{6}=\frac{\square}{6}$

❷ 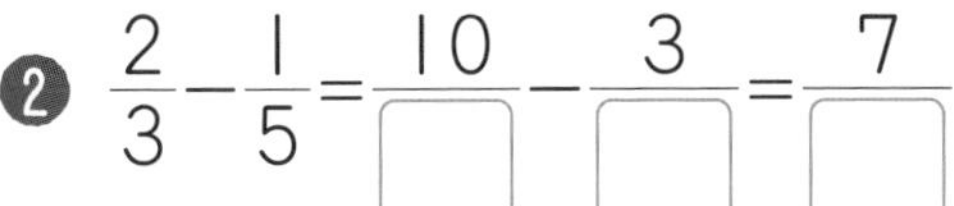
$\frac{2}{3}-\frac{1}{5}=\frac{10}{\square}-\frac{3}{\square}=\frac{7}{\square}$

分母のちがう
計算はまず通
分しよう。

2 分数のたし算をしましょう。（40点）1つ10

❶ $\frac{2}{5}+\frac{1}{3}$

❷ $\frac{1}{3}+\frac{2}{9}$

❸ $\frac{1}{6}+2\frac{1}{4}$

❹ $1\frac{3}{4}+\frac{3}{7}$

3 分数のひき算をしましょう。（40点）1つ10

❶ $\frac{1}{2}-\frac{1}{5}$

❷ $\frac{2}{3}-\frac{1}{4}$

❸ $1\frac{3}{4}-\frac{3}{8}$

❹ $2\frac{1}{9}-\frac{1}{6}$

LESSON 26

分数のたし算とひき算 ②

月　日

得点

点　合格 80点

1 分数のたし算をしましょう。(40点) 1つ10

❶ $\frac{3}{10}+\frac{1}{5}$

❷ $1\frac{1}{2}+\frac{3}{8}$

❸ $1\frac{1}{2}+1\frac{2}{3}$

❹ $\frac{5}{6}+\frac{1}{4}+\frac{1}{2}$

2 分数のひき算をしましょう。(40点) 1つ10

❶ $\frac{4}{5}-\frac{11}{20}$

❷ $2\frac{9}{10}-\frac{2}{5}$

❸ $3\frac{1}{6}-1\frac{3}{4}$

❹ $\frac{7}{8}-\frac{1}{2}-\frac{1}{3}$

3 $\frac{2}{3}$ L のりんごジュースと $\frac{7}{8}$ L のオレンジジュースでは，どちらがどれだけ多いですか。(20点)

[　　　　　　　　　　]

答えは112ページ ☞

LESSON 27

三角形の面積

月　日

得点

点　合格75点

1 次の三角形の面積を求めましょう。（45点）1つ15

❶
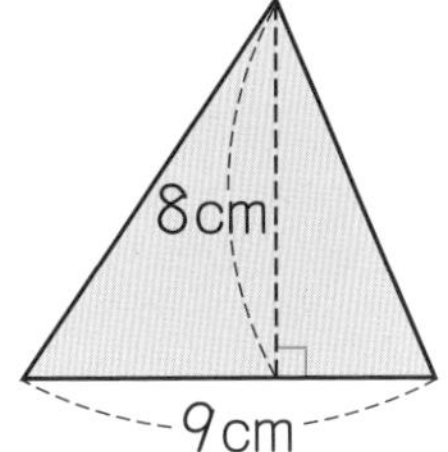

❷
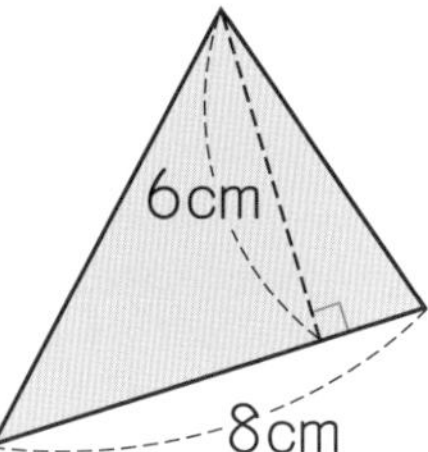

❸
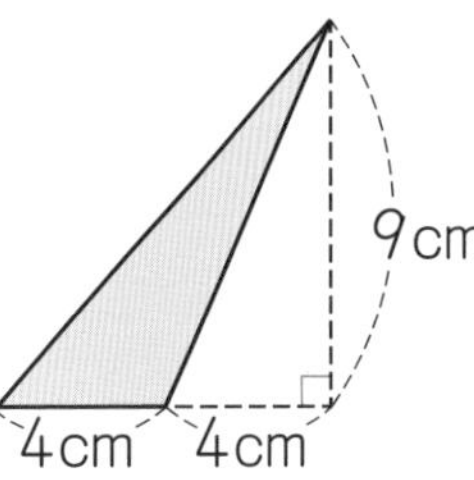

[　　　　]　[　　　　]　[　　　　]

2 次の三角形の面積を求めましょう。（30点）1つ15

❶ 底辺が 7 cm，高さが 12 cm の三角形

[　　　　]

❷ 底辺が 4 cm，高さが 6.5 cm の三角形

[　　　　]

3 右の図で，色をつけた部分の面積を求めましょう。（25点）

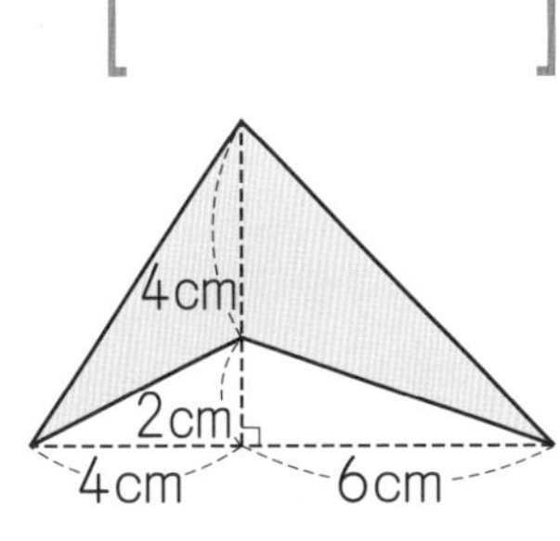

[　　　　]

LESSON 28

四角形の面積 ①

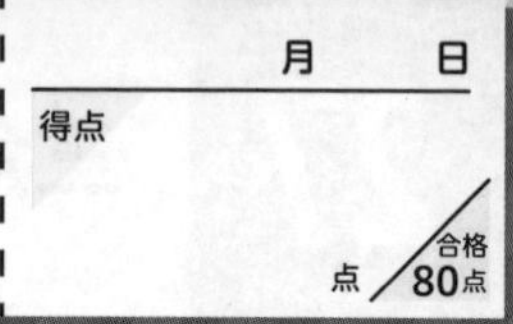

1 次の平行四辺形の面積を求めましょう。（60点）1つ20

❶ ❷ ❸

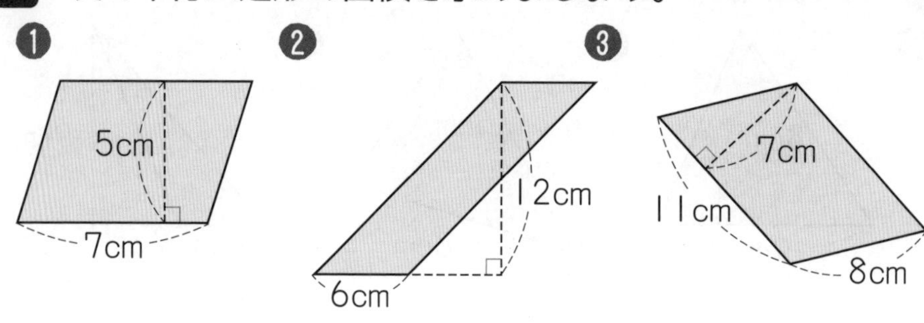

[　　　　] [　　　　] [　　　　]

2 右の平行四辺形で，色をつけた部分の面積を求めましょう。（20点）

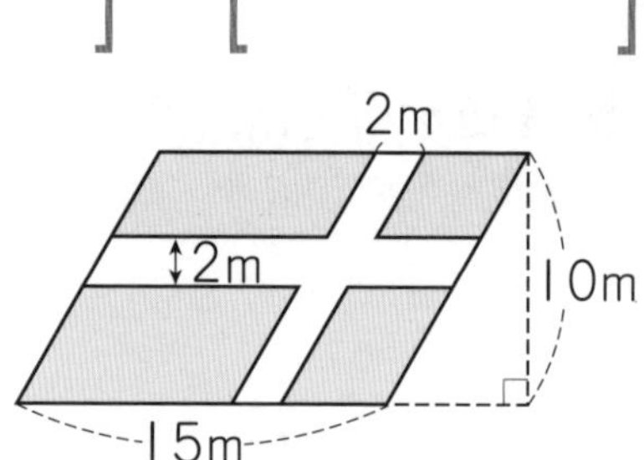

[　　　　]

3 面積が 72 cm² の平行四辺形があります。□にあてはまる数を求めましょう。（20点）

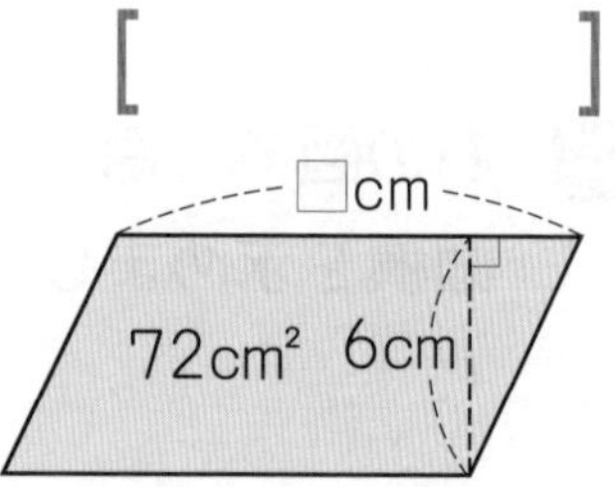

[　　　　]

答えは112ページ

LESSON 29

四角形の面積 ②

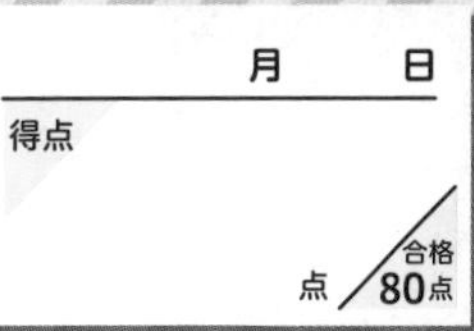

1 □にあてはまることばを書きましょう。（30点）1つ10

(1) 台形の面積＝(上底＋□)×□÷2

(2) ひし形の面積＝対角線×□÷2

2 次のひし形や台形の面積を求めましょう。（30点）1つ15

❶

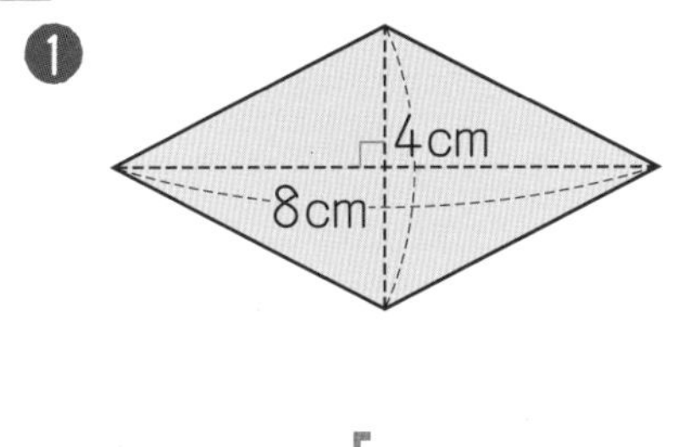

[　　　　]

❷

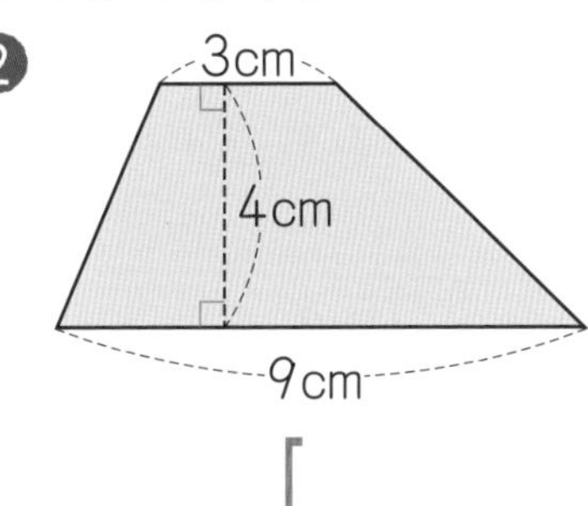

[　　　　]

3 次の四角形で，太い直線のほかに，あと１か所の長さがわかれば面積が求められます。それを，図にかきましょう。（40点）1つ10

❶

平行四辺形

❷

❸

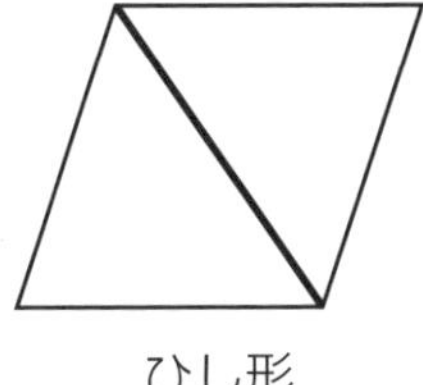

ひし形

❹

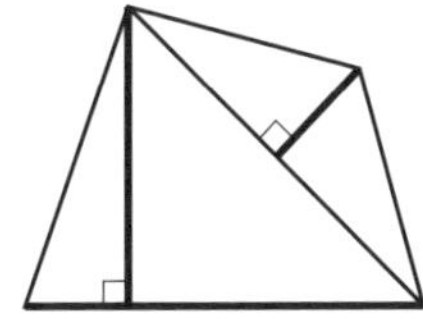

LESSON 30

比例（ひれい）

月　日

得点

点　合格 80点

1 深さ 50 cm の直方体の形をした水そうに，１分間に深さ４cm ずつ水を入れるとき，入れる時間と水の深さを表にしました。

入れる時間（分）	1	2	3	4	5	6	
水の深さ（cm）	4	8					

(1) 上の表にあてはまる数を書きましょう。（20点）

(2) 入れる時間が２倍，３倍となると，水の深さはどのようになりますか。（20点）

[　　　　　　　　]

(3) 入れる時間と水の深さの関係を何といいますか。（20点）

[　　　　]

(4) 入れる時間を□分，水の深さを△ cm として，２つの量の関係を式に表しましょう。（20点）

[　　　　　　　　]

(5) 水の深さが 40 cm になるのは，水を入れ始めてから何分後ですか。（20点）

[　　　　]

答えは113ページ

平均

月　日

得点

点 ／ 合格 75点

1 はるなさんの家からまさとさんの家までの歩数を調べたら，右の表のようになりました。１回の平均は何歩になりますか。（25点）

１回目	512 歩
２回目	508 歩
３回目	517 歩
４回目	511 歩

[　　　　]

2 ゆうなさんは，216 ページある物語の本を，９日間で読み終わりました。１日平均何ページ読んだことになりますか。（25点）

[　　　　]

3 輪投げを５回したら，得点が右の表のようになり，平均は６点になりました。（50点）1つ25

１回目	４点
２回目	６点
３回目	
４回目	７点
５回目	６点

(1) ５回の合計は何点でしたか。

[　　　　]

(2) ３回目の得点は何点でしたか。

[　　　　]

LESSON 32

単位量あたりの大きさ

月　日

得点

点 合格 75点

1 右の表は，２台の自動車が進む道のりと，使われるガソリンの量を表したものです。

	自動車A	自動車B
道のり	40 km	90 km
ガソリン	5 L	15 L

(1) ガソリン１Lあたりに進む道のりは，それぞれ何kmですか。（30点）1つ15

A[　　　　] B[　　　　]

(2) 1km進むのに使われるガソリンの量を，小数第２位までのがい数で，それぞれ求めましょう。（30点）1つ15

A[　　　　] B[　　　　]

(3) どちらの自動車のほうがよく走るといえますか。（10点）

[　　　　]

2 10さつ1100円のノートAと，８さつ840円のノートBでは，１さつあたりのねだんはどちらが安いですか。

（30点）

[　　　　]

答えは113ページ ☞

LESSON 33

速　さ ①

月　日

得点　　点　合格80点

1 自動車に3時間乗って，210 km 進みました。このときの速さは時速何 km ですか。（20点）

[　　　　]

2 ひなたさんは4分間で 240 m 歩きました。（40点）1つ20

(1) ひなたさんは分速何 m で歩きましたか。

[　　　　]

(2) 秒速に直すと，秒速何 m になりますか。

[　　　　]

3 ある電車が秒速 30 m で進んでいます。（40点）1つ20

(1) この電車の速さは分速何 m ですか。

[　　　　]

(2) この電車の速さは時速何 km ですか。

[　　　　]

答えは114ページ

LESSON 34

速　さ ②

月　日

得点

点　合格 75点

1 時速 60 km で進む自動車があります。4 時間走ると，何 km 進みますか。（25点）

[　　　　]

2 分速 60 m で歩きます。2 時間歩くと，何 km 進みますか。（25点）

[　　　　]

3 360 km はなれたところまで，自動車で行きます。時速 45 km で走ると，何時間かかりますか。（25点）

[　　　　]

4 ひろとさんが，自分の家から 3 km はなれた図書館まで歩きます。分速 60 m で歩くと，何分かかりますか。（25点）

[　　　　]

答えは114ページ ☞

LESSON 35

割合（わりあい） ①

月　日
得点
点　合格80点

1 割合（わりあい）を，小数と百分率（ひゃくぶんりつ）と歩合（ぶあい）で表し，表を完成させましょう。（40点）1つ5

小　数	0.8	❸	❺	0.753
百分率	❶	64%	❻	❼
歩　合	❷	❹	2割（わり）7分（ぶ）	❽

2 □にあてはまる数を書きましょう。（60点）1つ15

(1) 12 m をもとにした，3 m の割合は □ です。

(2) 15 人は，20 人の □ % です。

(3) 300 円の 2 割は，□ 円です。

(4) □ g の 40% は，32 g です。

比（くら）べる量ともとにする量をまちがえないように。

LESSON 36

割合②

月　日

得点

点　合格75点

1 あきなさんのクラスの人数は，30 人です。今日は6人が欠席しました。クラスの人数をもとにしたときの，欠席者の割合(わりあい)は何%ですか。（25点）

[　　　　]

2 ひなたさんの家の畑の面積は 3000 m^2 で，そのうちの 65% はとうもろこしを育てます。とうもろこしを育てる部分の面積は何 m^2 ですか。（25点）

[　　　　]

3 2000 円の服を 30% 引きで買いました。代金はいくらですか。（25点）

[　　　　]

4 ゲームソフトを 2 割引きで売っていたので，3200 円で買ったそうです。このゲームソフトのもとのねだんは何円でしたか。（25点）

[　　　　]

答えは114ページ ☞

図形の角

月　日

得点

点　合格 80点

1 あ，い，う，え，おの角度は何度ですか。（80点）1つ16

❶

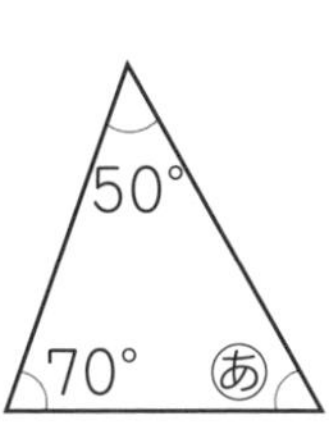

❷

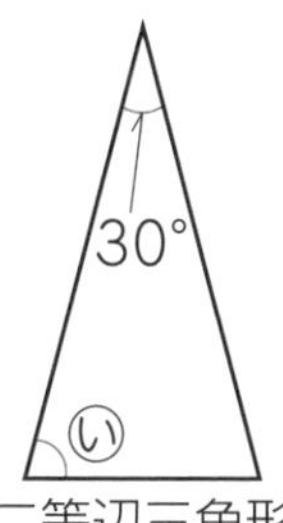

二等辺三角形

❸

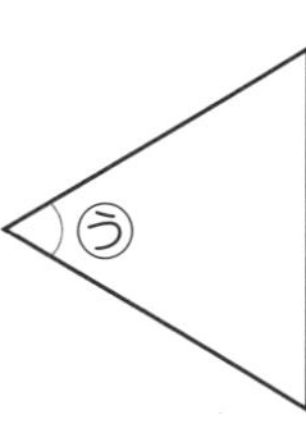

正三角形

[　　　　] [　　　　] [　　　　]

❹

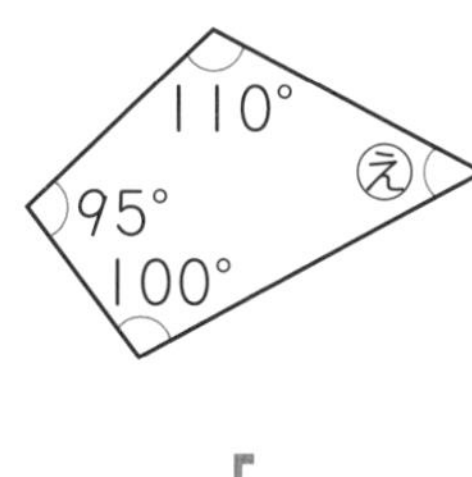

❺

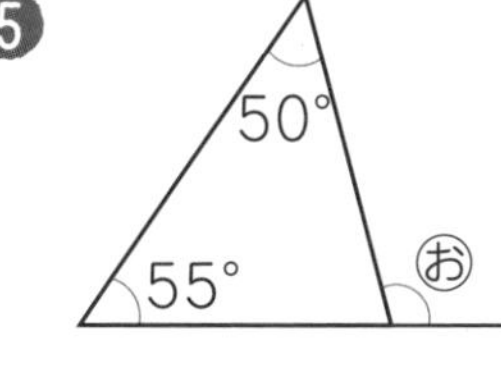

[　　　　] [　　　　]

2 右の五角形について，次の問いに答えましょう。（20点）1つ10

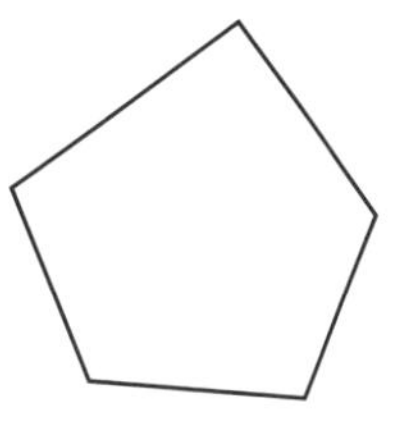

(1) 1つの頂点(ちょうてん)から対角線をひくと，いくつの三角形に分けられますか。

[　　　　]

(2) 五角形の角の大きさの和は何度ですか。

[　　　　]

答えは115ページ

LESSON 38

正多角形

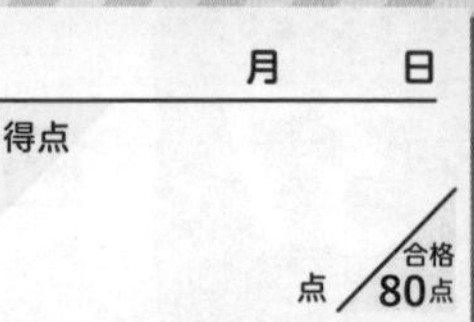

1 円の中心のまわりを等分する方法で，正五角形と正八角形をかきましょう。（30点）1つ15

❶ 正五角形

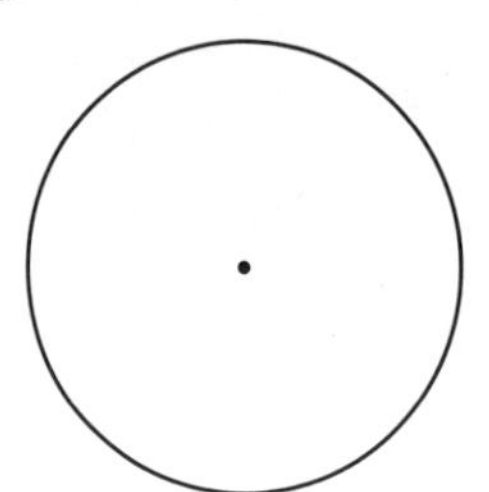

❷ 正八角形

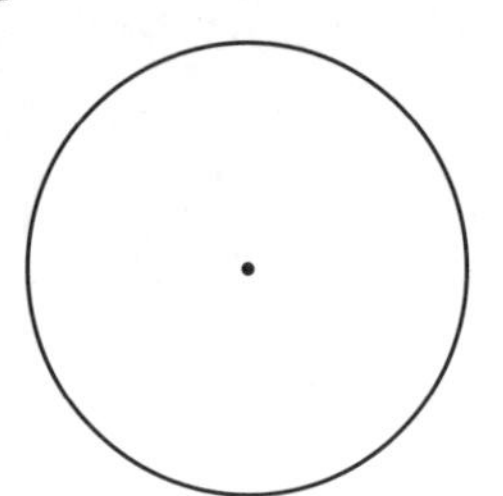

2 □にあてはまる数を書きましょう。（30点）1つ10

(1) 正八角形の１つの角の大きさは □ 度です。

(2) 半径３cmの円にきちんと入る正六角形のまわりの長さは □ cmです。

(3) 正五角形の対角線は全部で □ 本です。

3 右の図は，円のまわりを半径で区切る方法で，正六角形をかいたものです。（40点）1つ20

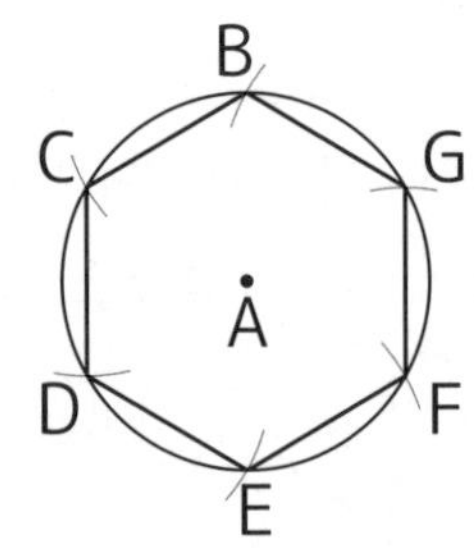

(1) 三角形CEGは何という三角形ですか。

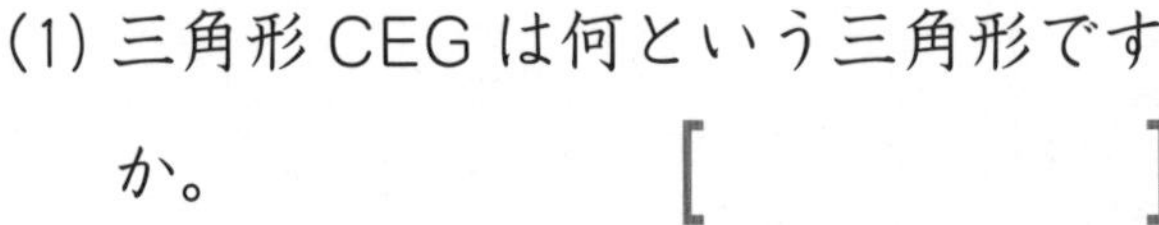

［　　　　　］

(2) 正六角形BCDEFGの面積は三角形ABCの面積の何倍ですか。

［　　　　　］

答えは115ページ ☞

円　周

月　日

得点

点　合格 80点

1 円周を求めましょう。（40点）1つ20

❶

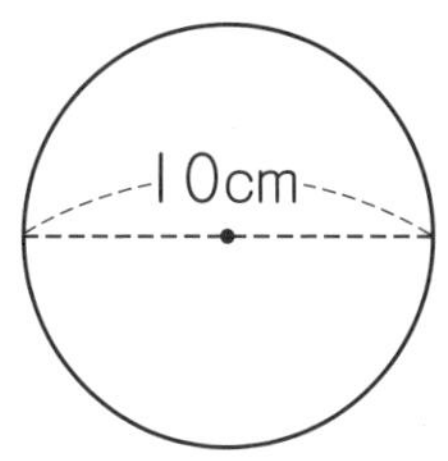

❷

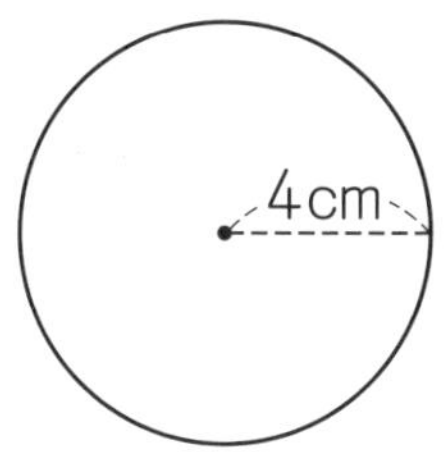

[　　　　　　]　[　　　　　　]

2 次の図形のまわりの長さを求めましょう。（40点）1つ20

❶

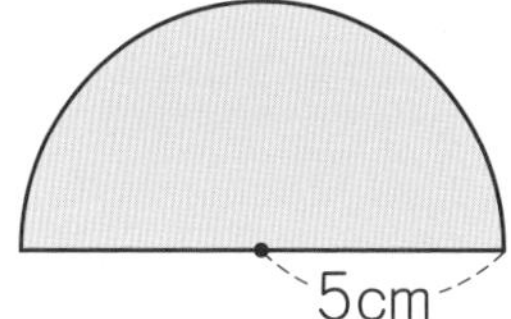

❷

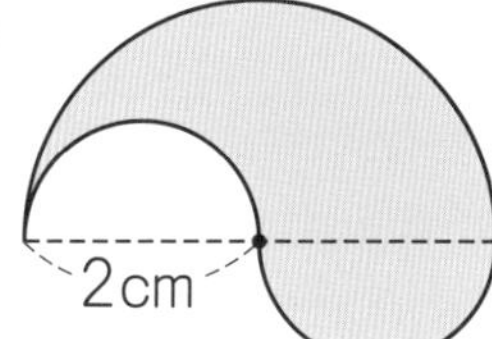

[　　　　　　]　[　　　　　　]

3 円周が 24 cm の円アと，円周が 72 cm の円イがあります。円イの直径は，円アの直径の何倍ですか。（20点）

[　　　　　　]

答えは115ページ ☞

LESSON 40

角柱と円柱

月　日

得点

点　合格 80点

1 次の立体の名まえを書きましょう。（30点）1つ10

❶ 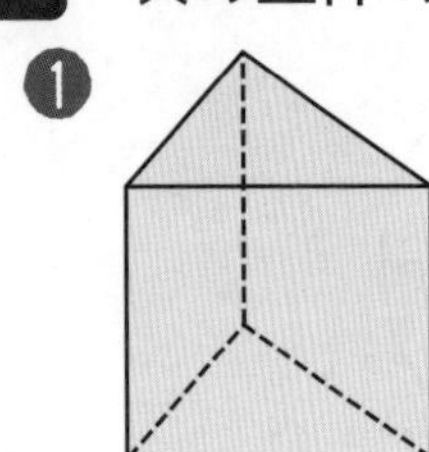

❷ 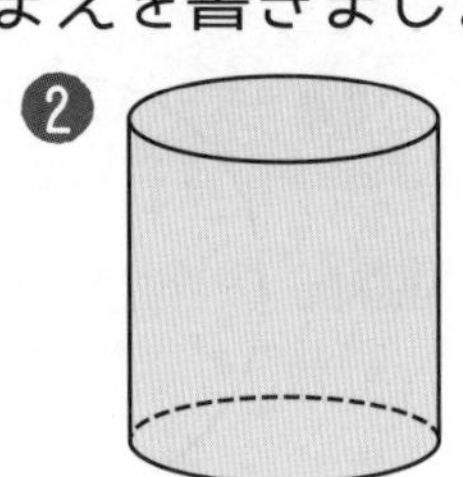

❸ 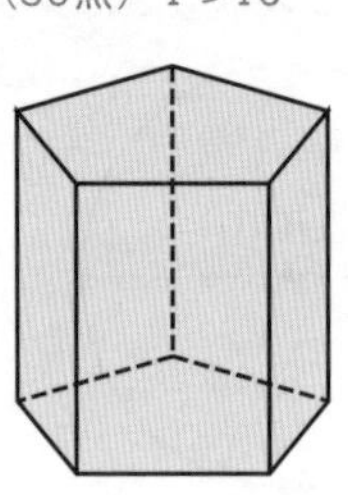

[　　　　] [　　　　] [　　　　]

2 次の四角柱について，[　]にあてはまることばを入れましょう。（40点）1つ8

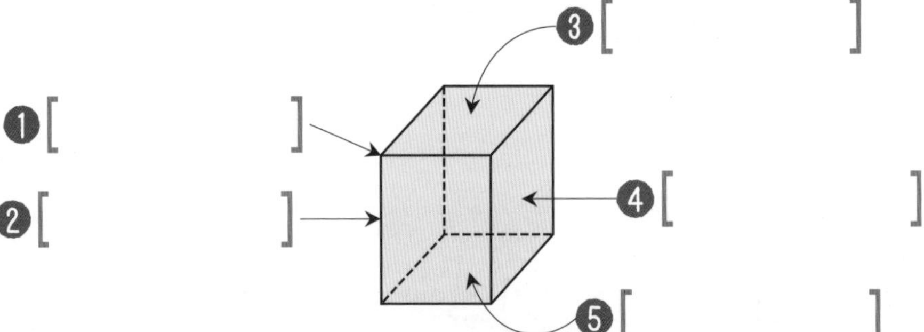

3 五角柱の面の数，辺の数，頂点(ちょうてん)の数を答えましょう。（30点）1つ10

❶ 面の数　❷ 辺の数　❸ 頂点の数

[　　　　] [　　　　] [　　　　]

答えは116ページ

世界の大陸と海洋

月　日
得点
点　合格80点

1 世界の大陸と海洋について，問いに答えましょう。

(1) 右の図中のⓐ～ⓤは，世界の大洋を示しています。ⓐ～ⓤの大洋の名まえを，次の**ア**～**ウ**から1つずつ選びましょう。（30点）1つ10

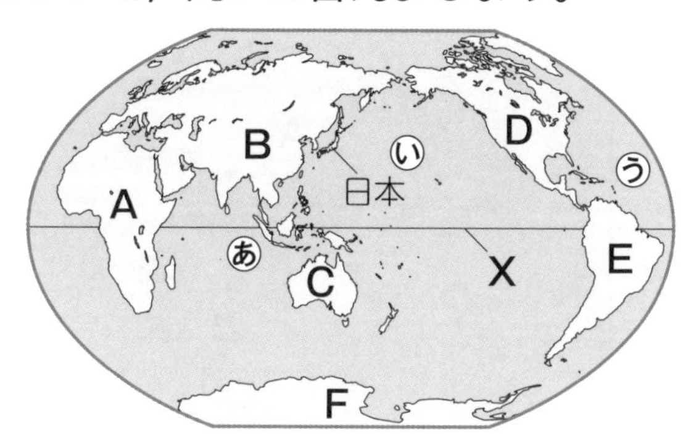

あ[　　] い[　　] う[　　]

ア 太平洋　**イ** 大西洋　**ウ** インド洋

(2) 図中の**A**～**F**の大陸の名まえを，あとの**ア**～**カ**から1つずつ選びましょう。（60点）1つ10

A[　　] B[　　] C[　　]

D[　　] E[　　] F[　　]

ア ユーラシア大陸　**イ** 南極大陸
ウ アフリカ大陸　**エ** オーストラリア大陸
オ 北アメリカ大陸　**カ** 南アメリカ大陸

(3) 図中の**X**は，地球を南北に分ける緯度0度の線です。**X**の名まえを答えましょう。（10点）

[　　]

LESSON 42

世界の国々

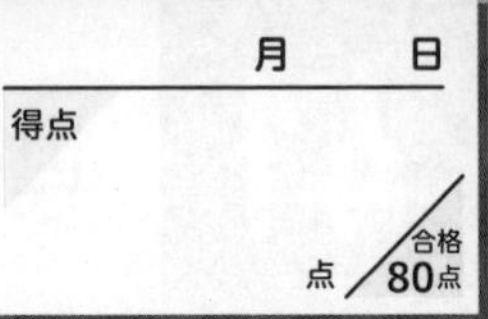

1 世界の国々について，問いに答えましょう。

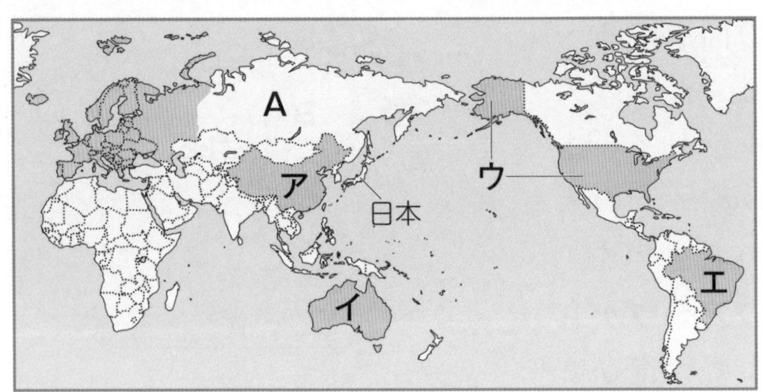

(1) 世界で最も面積の大きい，地図中の**A**の国の名まえを答えましょう。(10点)　[　　　　]

(2) 次の国の位置を，地図中の**ア**～**エ**から１つ選び，記号で答えましょう。(30点) 1つ15

中華人民共和国(ちゅうかじんみんきょうわこく)[　　]　オーストラリア[　　]

(3) 地図中の▒▒でぬった地域(ちいき)にふくまれる国を，あとの語群から３つ選びましょう。(45点) 1つ15

[　　　　][　　　　][　　　　]

[語群]　フランス　マレーシア　ドイツ　インド
ブラジル　エジプト　イタリア

(4) 世界の国の数を，次の**ア**～**エ**から選びましょう。(15点)

[　　]

ア 約60　**イ** 約90　**ウ** 約190　**エ** 約220

答えは116ページ ☞

LESSON 43

日本の領土(りょうど)

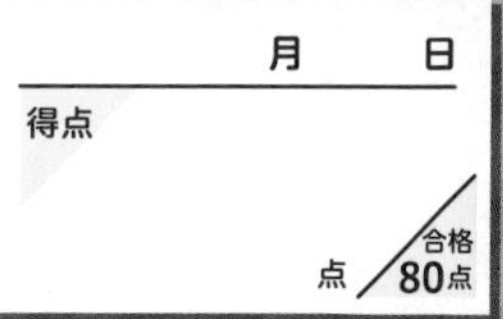

1 日本の領土(りょうど)について，問いに答えましょう。

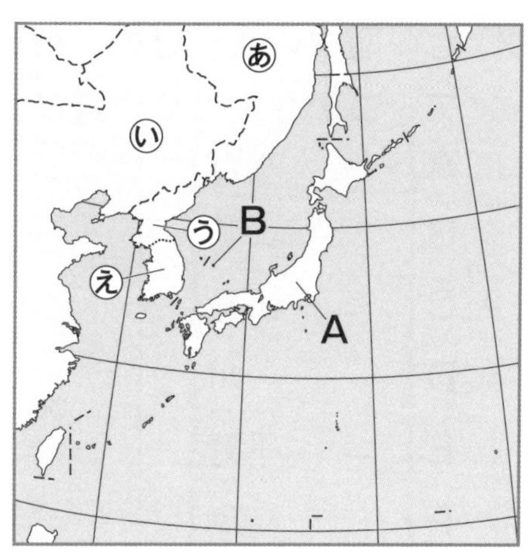

(1) 日本の東西南北のはしに位置する島の名まえを，あとの**ア**～**エ**から選びましょう。（40点）1つ10

北［　　　］　南［　　　］

東［　　　］　西［　　　］

ア 沖ノ鳥島(おきのとりしま)　**イ** 択捉島(えとろふとう)

ウ 与那国島(よなぐにじま)　**エ** 南鳥島(みなみとりしま)

(2) 図中の**A**について，次の文の［　］にあてはまることばを答えましょう。（10点）

日本は，北海道(ほっかいどう)，**A**の［　　　］，四国(しこく)，九州(きゅうしゅう)の４つの大きな島と，多くの小さな島々から成り立っています。

(3) 図中の**B**は，日本の固有の領土ですが，大韓民国(だいかんみんこく)が不法に占領(せんりょう)しています。この島の名まえを答えましょう。

［　　　　］（10点）

(4) 図中のあ～えは日本のまわりにある国々です。それぞれの国名を，あとの**ア**～**エ**から選びましょう。（40点）1つ10

あ［　　　］　い［　　　］　う［　　　］　え［　　　］

ア 大韓民国　**イ** 中華人民共和国(ちゅうかじんみんきょうわこく)

ウ ロシア連邦(れんぽう)　**エ** 朝鮮民主主義人民共和国(ちょうせんみんしゅしゅぎじんみんきょうわこく)

LESSON 44

日本の地形

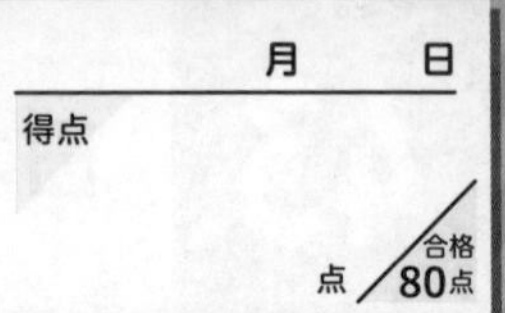

1 日本の国土について，問いに答えましょう。

(1) 右の図中の**A～J**の山地や平野などの名まえを，あとの**ア～コ**から１つずつ選びましょう。（70点）1つ7

A［　　　平野］
B［　　　山脈］
C［　　　山脈］
D［　　　川］
E［　　　平野］
F［　　　湖］
G［　　　山地］
H［　　　平野］
I［　　　山地］
J［　　　川］

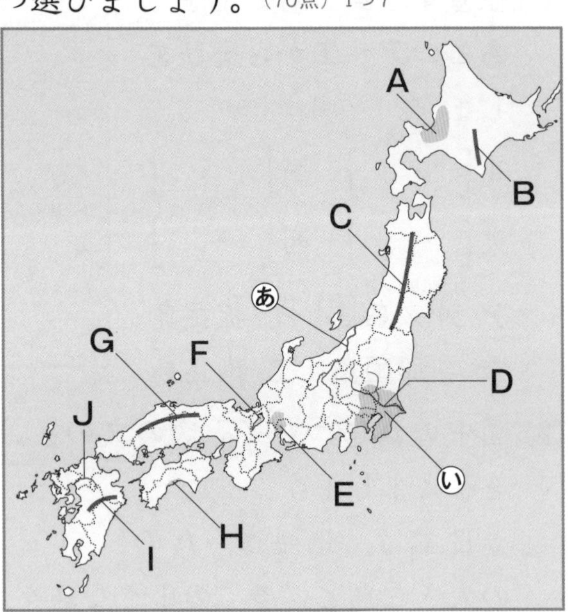

ア 高知(こうち)　**イ** 中国(ちゅうごく)　**ウ** 日高(ひだか)　**エ** 琵琶(びわ)　**オ** 筑後(ちくご)
カ 利根(とね)　**キ** 奥羽(おうう)　**ク** 石狩(いしかり)　**ケ** 濃尾(のうび)　**コ** 九州(きゅうしゅう)

(2) 図中のあは日本で最も長い川，いは日本で最も広い平野です。あの川といの平野の名まえを答えましょう。

あ［　　　川］　い［　　　平野］（20点）1つ10

(3) 日本の国土にしめる山地の割合(わりあい)を，次の**ア～ウ**から１つ選びましょう。（10点）［　　］

ア ２分の１　**イ** ４分の１　**ウ** ４分の３

答えは117ページ ☞

LESSON 45

日本の気候

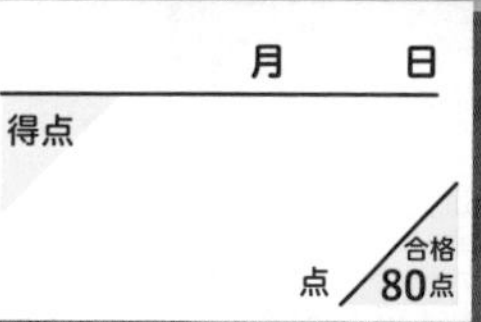

1 日本の気候について，問いに答えましょう。

(1) 次の①～⑥の説明文にあてはまる地域(ちいき)を図中の**ア**～**カ**から１つずつ選びましょう。
(60点）1つ10

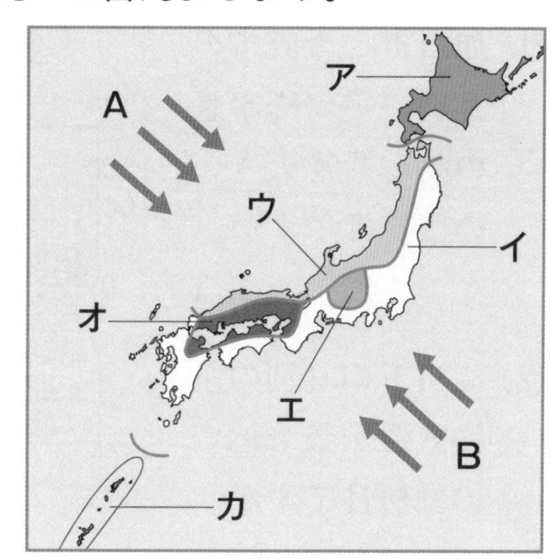

① 冬の寒さがきびしく，梅雨(つゆ)がない。 [　　]

② 年間を通して気温が高く，さとうきびがさいばいされている。 [　　]

③ 年間を通して雨が少なく，冬でも暖(あたた)かい。 [　　]

④ 冬の積雪量が多く，夏は気温が高い。 [　　]

⑤ 夏はむし暑く，冬は晴れの日が多い。 [　　]

⑥ 年間を通して雨が少なく，夏と冬の気温差が大きい。 [　　]

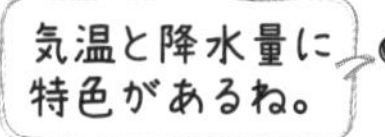

(2) 図中の**A**・**B**は，日本の気候に大きなえいきょうをあたえる風を示(しめ)しています。この風の名まえを何といいますか。また，夏にふく風の向きを，**A**・**B**から１つ選びましょう。(40点）1つ20

名まえ[　　　　] 向き[　　]

LESSON 46

寒い土地と暖かい土地のくらし

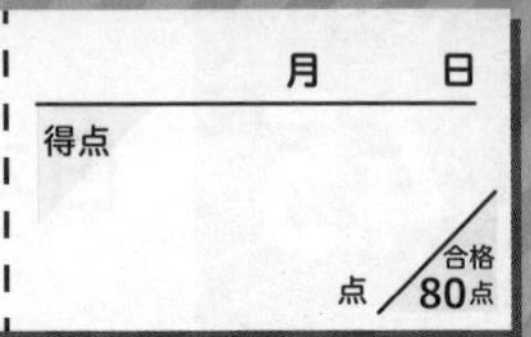

1 グラフを見て，問いに答えましょう。（20点）1つ10

(1) 旭川市と大阪市の月別の平均降水量の差が最も大きいのは何月ですか。

[　　月]

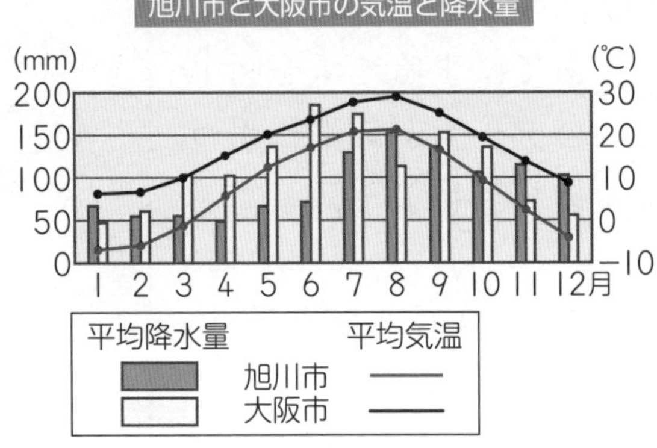

（2022年版「理科年表」）

(2) 旭川市の月別の平均気温が最も低いのは何月ですか。

[　　月]

北海道は冬の寒さがきびしいよ。

2 グラフを見て，次の文の[　]から正しいことばを選んで，○で囲みましょう。（80点）1つ20

沖縄県の気候は，温暖で，雨が❶[多い・少ない]です。しかし，川が❷[長く・短く]，雨水がすぐに海に流れてしまいます。そのため❸[水・石油]不足になることが多く，屋根に❹[給水タンク・石油タンク]をおいている家も見られます。

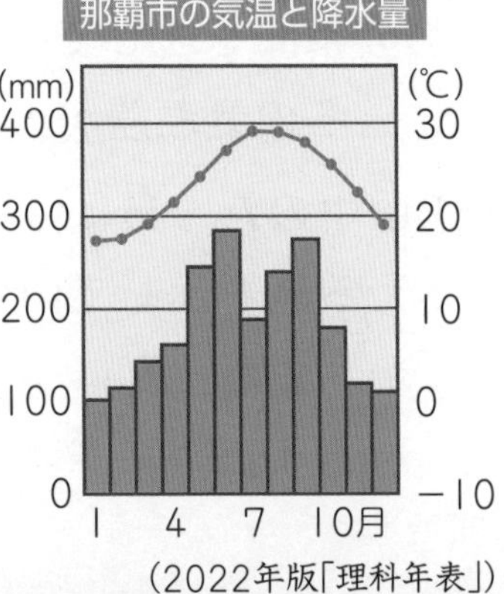

（2022年版「理科年表」）

答えは117ページ

LESSON 47

高い土地と低い土地のくらし

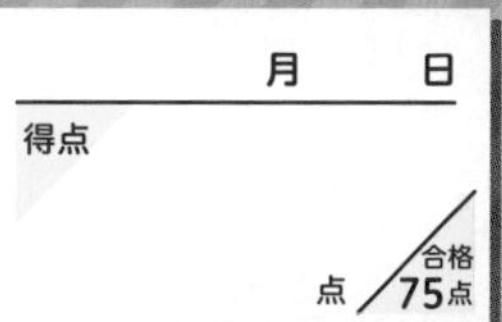

1 野辺山原(のべやまはら)について，問いに答えましょう。

(1) 右のグラフを見て，レタスの生産量が最も多いAの都道府県名を答えましょう。(25点)

[　　　　　]

レタスの生産量割合(わりあい)

A 32.3%
茨城(いばらき) 16.3
群馬(ぐんま) 9.7
その他 41.7

(2020年)
(2022/23年版「日本国勢図会」)

(2) 野辺山原の農業について，次の文の[　]から正しいことばを選んで，〇で囲みましょう。(50点) 1つ25

高地の①[すずしい・暑い]気候を利用して野菜をつくっています。ほかの地域(ちいき)と出荷(しゅっか)する時期をずらすことで，野菜を②[安く・高く]売ることができます。

2 次の地図を見て，福岡県(ふくおか)の柳川市(やながわ)のくらしについて正しい文を，ア～ウから１つ選びましょう。(25点)

[　　　]

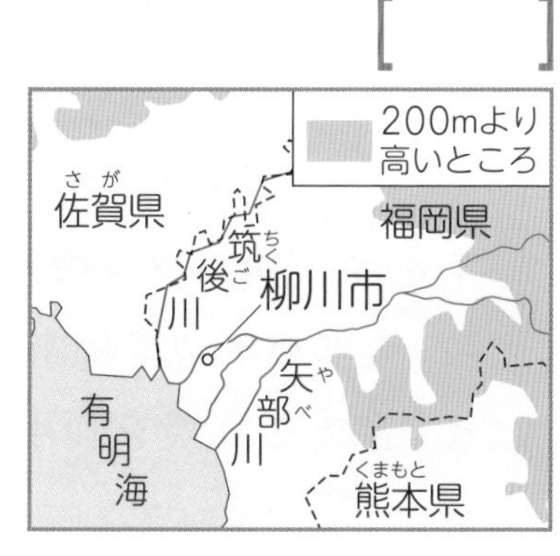

ア 土地が高く，平地が少ないので，山のしゃ面に田をつくっている。

イ 有明海(ありあけ)に面して平地が広がり，米づくりがさかんである。

ウ 川の下流域にあり，ダムが多い。

LESSON 48

日本の農業

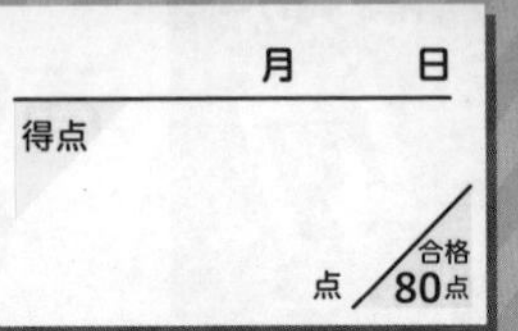

1 日本の農業について，問いに答えましょう。

(1) 右のグラフ中のAにあてはまる地方の名まえを答えましょう。(20点)

[　　　　地方]

米の生産量の地方別割合

地方	割合(%)
A	27.9
関東・東山	18.2
北陸	14.2
九州・沖縄	9.9
北海道	7.6
その他	22.2

(2021年)

※東山は山梨県・長野県。北陸は新潟県・富山県・石川県・福井県。

(2022/23年版「日本国勢図会」)

(2) 肉牛などの家畜を飼育する農業を何といいますか。(20点)

[　　　　]

(3) 次のあといは何の生産量のグラフか，あとから選びましょう。(40点) 1つ20

あ[　　　　] い[　　　　]

都道府県別生産量割合

あ

北海道	その他
78.6%	21.4

(2020年)

い

青森	長野	岩手	その他
60.7%	17.7	6.2	15.4

(2022/23年版「日本国勢図会」)

〔りんご・みかん・じゃがいも・レタス〕

(4) 宮崎平野や高知平野でさかんな農業の説明として正しいものを，次のア～ウから選びましょう。(20点) [　　　　]

ア 大都市周辺で都市向けの野菜をつくっている。

イ 温暖な気候を利用し，出荷時期を早めて野菜をつくっている。

ウ 夏のすずしい気候を利用し，高原野菜をつくっている。

答えは117ページ

LESSON 49

日本の米づくり

月　日

得点

点　合格 80点

1 日本の米づくりについて，問いに答えましょう。

(1) 米づくりの作業のうち，田に水を入れ，平らにならす作業のことを何といいますか。(20点)　[　　　]

(2) 次の文の[　]にあてはまることばを，あとの**ア～エ**から１つずつ選びましょう。(40点) 1つ20

農業試験場は[①　　　]で性質(せいしつ)のちがう品種をかけ合わせて，より良い米をつくっています。また，[②　　　]で農作業を行うことで，昔よりも農作業にかかる時間が短くなりました。

ア 農業機械　**イ** 化学肥料(ひりょう)

ウ 産地直送　**エ** 品種改良

(3) 右のグラフを見て，問いに答えましょう。(40点) 1つ20

① 農業で働く人数は，2000年と比(くら)べて2021年には，およそ何分の１になりましたか。

[　　　分の１]

② グラフの期間中で，65才以上の割合(わりあい)が50%をこえたのは何年からですか。

[　　　年]

農業で働く人数の変化

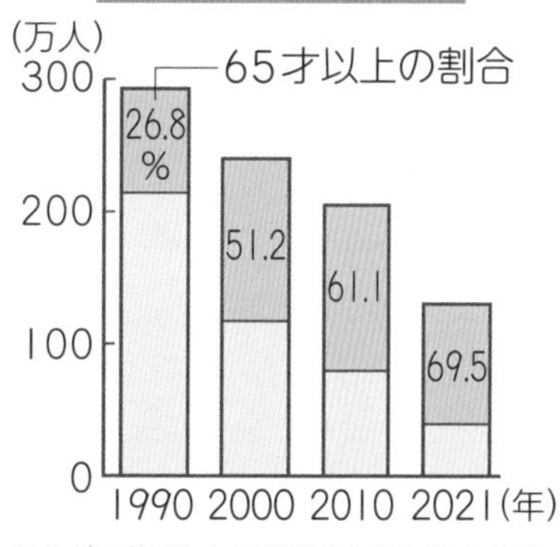

※ふだん仕事として農業をしている人の数（基幹的農業従事者）。
(2022/23年版「日本国勢図会」など)

LESSON 50

日本の水産業

月　日

得点

点　合格 80点

1 日本の水産業について，問いに答えましょう。

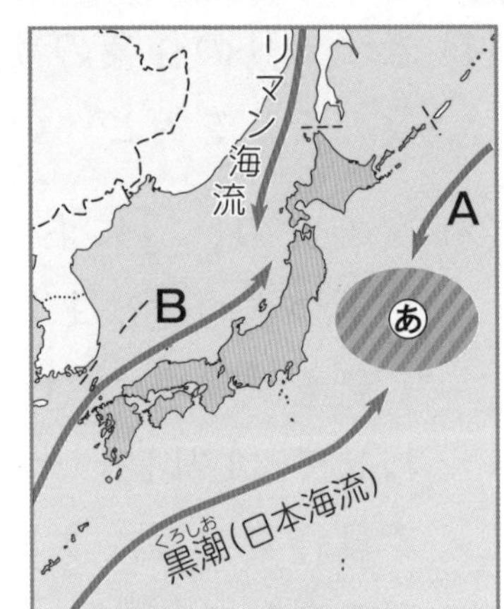

(1) 右の図中のA・Bの海流の名まえを答えましょう。(30点) 1つ15

A[　　　　]

B[　　　　]

(2) 図中のⓐのように暖流と寒流がぶつかるところを何といいますか。(20点) [　　　　]

(3) 右のグラフは，日本の遠洋漁業・沖合漁業・沿岸漁業の漁かく量の変化を示したものです。A～Cは，それぞれどの漁業を示していますか。(30点) 1つ10

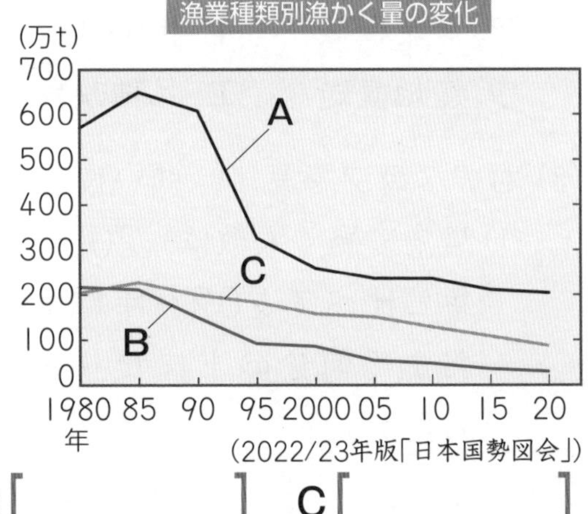

(2022/23年版「日本国勢図会」)

A[　　　　]　B[　　　　]　C[　　　　]

(4) 水産資源を守る取り組みの1つに，人工的に育てたち魚やち貝を川や海に放流し，大きくなってからとる漁業があります。この漁業を何といいますか。(20点)

[　　　　]

答えは118ページ

LESSON 51

これからの食料生産

月　日

得点

点　合格80点

1 日本の食料生産について，問いに答えましょう。

(1) グラフを見て，2020年の日本がほぼ自給できる食料を2つ答えましょう。（20点）1つ10

[　　　　]
[　　　　]

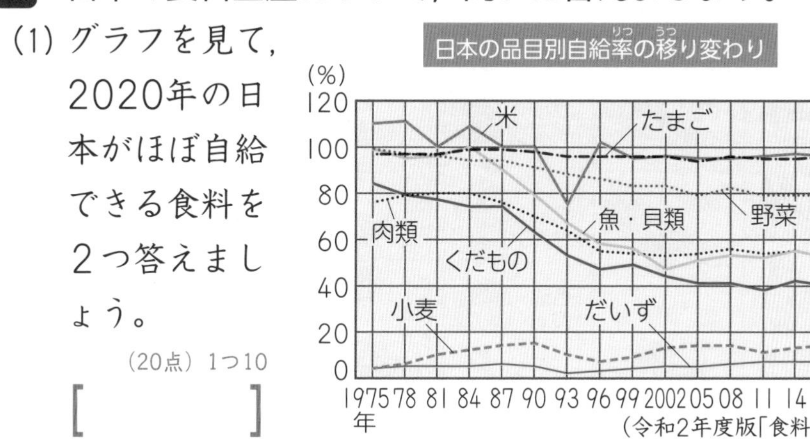

(2) グラフを見て，2020年の日本がほぼ輸入している食料を2つ答えましょう。（20点）1つ10

[　　　　][　　　　]

(3) 次の文の[　]から正しいことばを選んで，○で囲みましょう。（40点）1つ20

日本は食料の多くを外国からの輸入にたよっています。①[安い・高い]外国の食料が増えると，高い②[外国・日本]の食料が売れず，国内生産が減るおそれがあります。

(4) 外国からの食料の輸入を減らすための取り組みの1つで，地元で生産された食料をその地域で消費することを何といいますか。（20点）

[　　　　]

LESSON 52

日本の工業

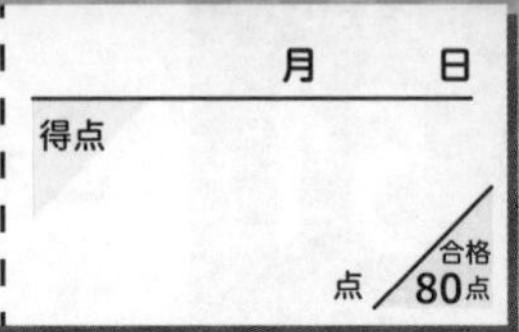

1 日本の工業について，問いに答えましょう。

(1) 上の図中のあ～おの製品は何工業の製品ですか。あとの**ア～オ**から1つずつ選びましょう。また，重化学工業製品には**A**，軽工業製品には**B**を書きましょう。（80点）1つ8

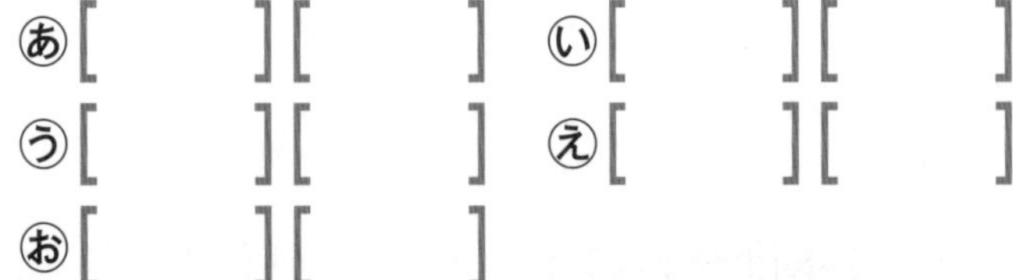

ア 化学工業　**イ** せんい工業　**ウ** 食料品工業
エ 金属工業　**オ** 機械工業

(2) 右のグラフについて，工場数と従業員数が多いのは大工場と中小工場のどちらですか。

[ ]（20点）

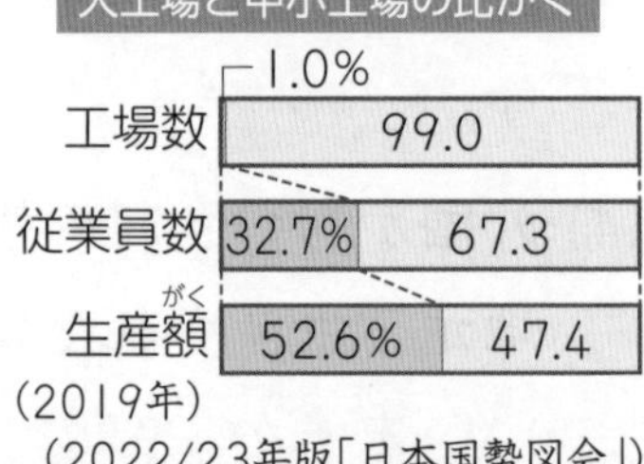

答えは118ページ

LESSON 53

工業のさかんな地域

月　日

得点

点　合格80点

1 日本の工業について，問いに答えましょう。

(1) 右の図中の東京・大阪・名古屋を中心に発達している工業地帯の名まえを答えましょう。（45点）1つ15

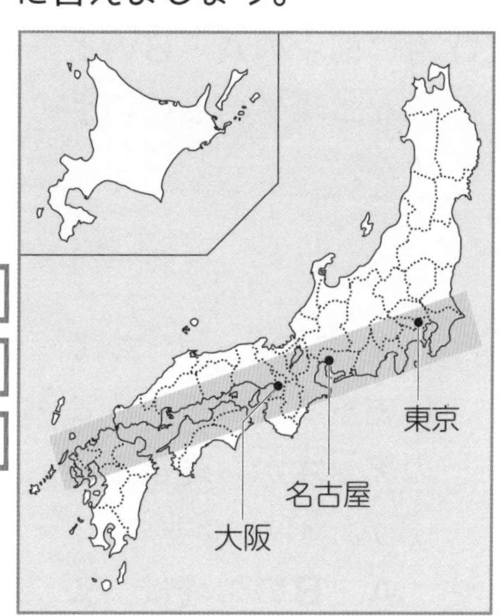

東京
名古屋
大阪

東　京［　　　　工業地帯］

大　阪［　　　　工業地帯］

名古屋［　　　　工業地帯］

(2) 図中の▒▒に，帯のように連なる工業のさかんな地域を何といいますか。（15点）

［　　　　　　　］

(3) 次の文の［　］にあてはまることばを，あとから選びましょう。（40点）1つ10

日本の工業地帯・地域が［①　　　］ぞいに多いのは，海外から船で原料を［②　　　］し，海外に製品を［③　　　］しやすいためです。最近では，［①］からはなれた地域でも，高速道路や［④　　　］に近いところには，工場が集まってきています。

・海　・山　・輸入
・輸出　・空港

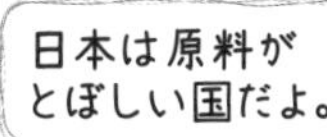

日本は原料がとぼしい国だよ。

LESSON 54

日本の自動車工業

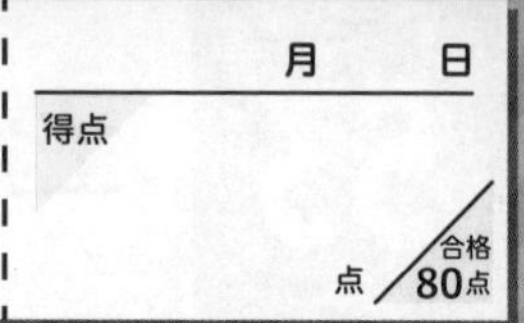

1 日本の自動車工業について，問いに答えましょう。

(1) 右の図中の**A**・**B**のような工場を何といいますか。（20点）

[　　　　工場]

部品の注文
部品の納品
自動車工場
A
B

(2) 次の文の[　]にあてはまることばを，あとの**ア**～**オ**から選びましょう。（60点）1つ15

A・**B**の工場は，必ず決められた日や[①　　　]に，注文をくれた工場へ生産した部品を納品しています。いろいろな部品は，自動車工場で，[②　　　]の上で流します。[③　　　]して，[④　　　]ことで効率よく作業ができます。

ア ライン　　**イ** 時刻　　**ウ** 分たん

エ 注文　　**オ** 組み立てる

(3) 自動車が完成するまでの順序として正しいものを，次の**ア**～**ウ**から１つ選びましょう。（20点）　[　　]

ア プレス→よう接→とそう→組み立て

イ プレス→とそう→よう接→組み立て

ウ よう接→プレス→組み立て→とそう

答えは119ページ

LESSON 55

日本の貿易と運輸

月　日

得点

点　合格80点

1 日本の貿易と運輸について，問いに答えましょう。

(1) 次の①・②を輸出・輸入するときにおもに使われる輸送手段を答えましょう。(20点) 1つ10

① 集積回路[　　　　]　② 石油[　　　　]

(2) 右のグラフ中のA・Bにあてはまるものを，次のア～ウから1つずつ選びましょう。(20点) 1つ10

A[　　　]

B[　　　]

ア 機械類

イ せんい品

ウ 自動車

日本のおもな輸出品と輸入品の割合

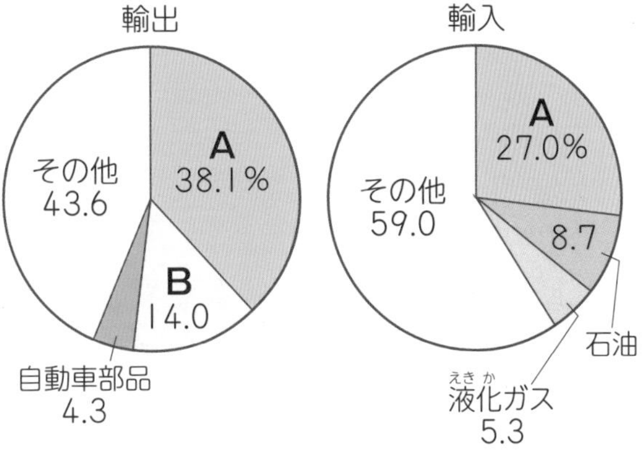

輸出

A 38.1%

B 14.0

自動車部品 4.3

その他 43.6

輸入

A 27.0%

8.7

石油

液化ガス 5.3

その他 59.0

(2020年)　(2022/23年版「日本国勢図会」)

(3) 次の文の[　]にあてはまることばを，あとのア～エから1つずつ選びましょう。(60点) 1つ15

日本は工業に必要な[①　　　]にとぼしく，その多くを[②　　　]にたよっています。また，生産した工業[③　　　]を多くの国に[④　　　]しています。

ア 原料　イ 輸入　ウ 輸出　エ 製品

LESSON 56

日本の貿易(ぼうえき)

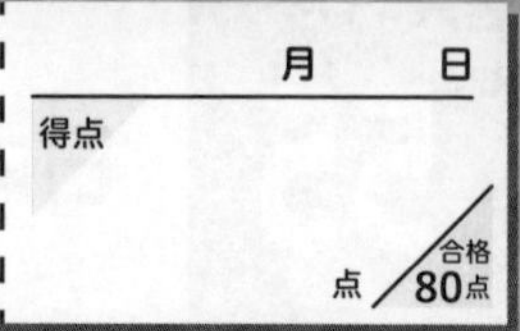

1 日本の貿易(ぼうえき)と工業生産について，問いに答えましょう。

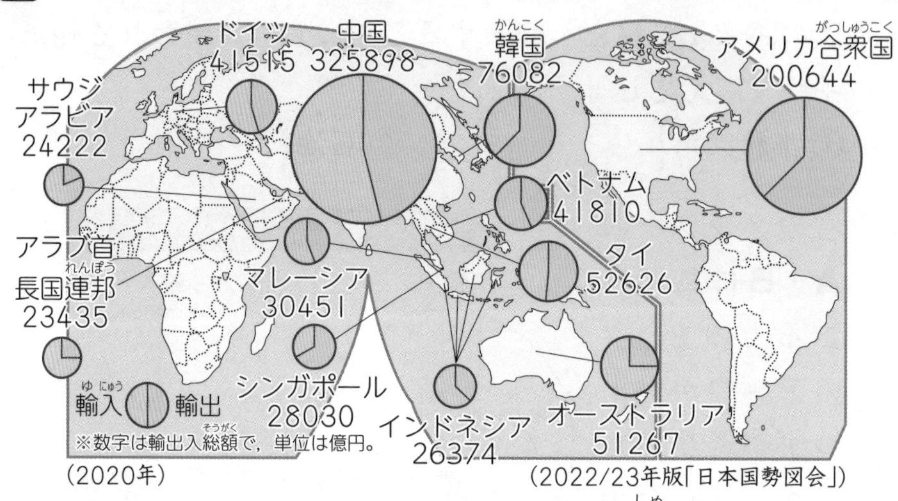

（2020年）　（2022/23年版「日本国勢図会」）

(1) 上の図は，日本のおもな貿易相手国を示(しめ)したものです。貿易額が第１位と第２位の国はどこですか。（40点）1つ20

第１位[　　　　　　]　第２位[　　　　　　]

(2) 上の図を見て，日本の輸入額よりも日本の輸出額のほうが多い国はいくつありますか。（30点）

[　　　]

(3) 右の表を見て，2021年の自動車の海外生産台数は，1990年の約何倍となりましたか。整数で答えましょう。（30点）

日本の自動車の海外生産台数

1990年	2000年	2021年
3265	6288	16462

（千台）　（2022/23年版「日本国勢図会」）

[約　　　倍]

答えは119ページ☞

LESSON 57

情報（じょうほう）とくらし

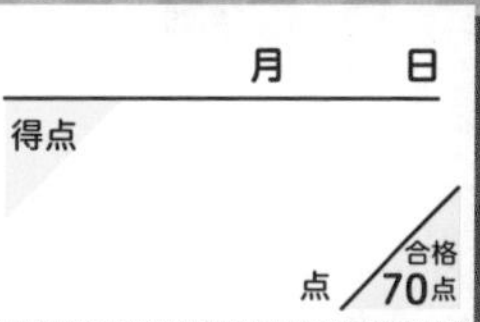

1 テレビのニュース番組に関する次の図を見て，番組がつくられる順番にア～カをならべましょう。（40点）

ア 情報収集（じょうほうしゅうしゅう）　**イ** 原稿作成（げんこう）　**ウ** 編集会議（へんしゅう）

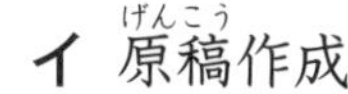

エ 映像（えいぞう）の編集　**オ** 取材　**カ** 放送

[ア→　　→　　→　　→　　→カ]

2 次の文は，わたしたちが情報を得るために利用する，あとのア～オのどれについて，説明したものですか。それぞれ記号で答えましょう。（60点）1つ30

❶ 印刷した文字や写真などから情報を得られ，保存（ほぞん）や読み返しもできる。 [　　]

❷ 情報網（もう）を利用して，世界中の情報を得たり，発信したりすることができる。 [　　]

ア テレビ　**イ** 新聞　**ウ** 電話
エ インターネット　**オ** 衛星（えいせい）放送

LESSON 58

くらしと環境

月　日

得点

点　合格80点

1 森林について，問いに答えましょう。

(1) 森林のはたらきについて，あやまっているものを，次の**ア**～**エ**から１つ選びましょう。(10点)　[　　]

ア 木材をつくりだす。

イ やすらぎの場所となる。

ウ 二酸化炭素をはきだす。

エ 土砂くずれを防ぐ。

(2) 森林は，雨水を土の中にたくわえるはたらきがあるため，緑の[　]とよばれています。[　]にあてはまることばを答えましょう。(15点)　緑の[　　]

2 環境や災害について，問いに答えましょう。(75点) 1つ15

(1) 大気や水のよごれなど，産業活動や人のくらしによっておこる環境のよごれを何といいますか。　[　　]

(2) 熊本県の水俣市で発生した水俣病の原因として正しいものを，次の**ア**～**ウ**から１つ選びましょう。　[　　]

ア 大気のよごれ　**イ** 水のよごれ　**ウ** 土のよごれ

(3) 水鳥などのすみかとして大切な湿地を守るための国際的な条約を何といいますか。　[　　]

(4) 地震や津波などの自然災害を防ぐための取り組みや考えを何といいますか。　[　　]

(5) 自然災害で予測される被害やひなん場所などを示した地図を何といいますか。　[　　]

答えは120ページ

LESSON 59

種子の発芽 ①

月　日
得点
点 / 合格 80点

1 次のア～オのそう置を用意して，種子が発芽する条件を調べる実験をしました。あとの問いに答えましょう。

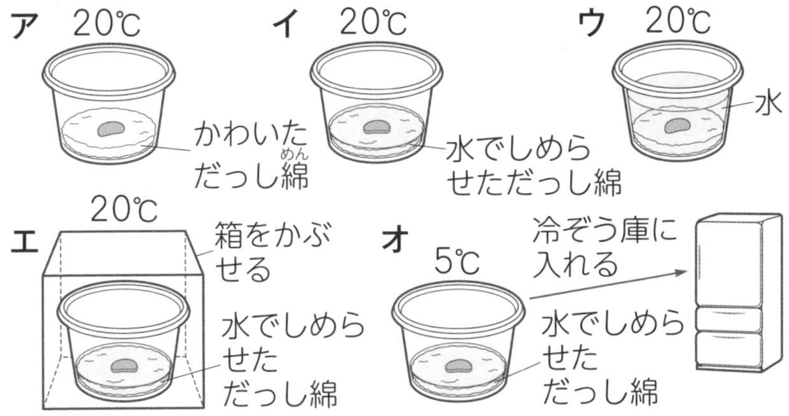

(1) 種子が発芽したのはどれですか。**ア**～**オ**から２つ選びましょう。（10点）1つ5　[　　][　　]

(2) 種子の発芽に次の①～③が必要かどうかを調べるときに比べるのはどれとどれですか。それぞれ**ア**～**オ**から２つずつ選びましょう。（60点）1つ20

① 空気　[　　と　　]

② 水　[　　と　　]

③ 適当な温度　[　　と　　]

2 種子の発芽に必要な条件を，次の**ア**～**キ**から３つ選びましょう。（30点）1つ10　[　　][　　][　　]

ア 日光　**イ** 水　**ウ** 肥料　**エ** 適当な温度

オ 空気　**カ** 土　**キ** バーミキュライト

LESSON 60

種子の発芽 ②

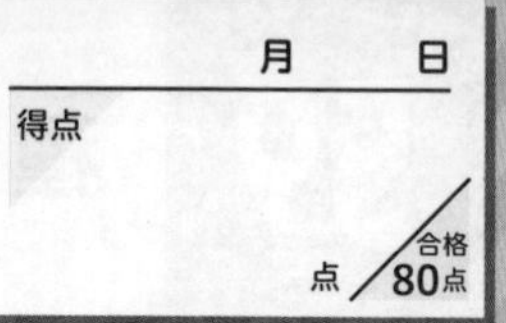

1 右の図は，インゲンマメの種子をわって開いたものです。次の問いに答えましょう。

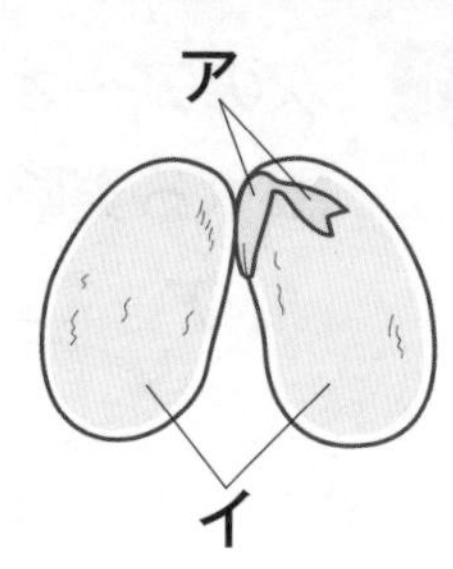

(1) 根・くき・葉になる部分は**ア**・**イ**のどちらですか。（10点） [ ]

(2) **イ**の部分を何といいますか。（10点） [ ]

(3) **イ**の部分にヨウ素液（そえき）をつけると，どうなりますか。（20点）

[ ]

(4) **イ**の部分にふくまれている養分は何ですか。（20点）

[ ]

(5) 発芽してしばらくすると，**イ**の部分は大きくなりますか，小さくなりますか。（20点） [ ]

2 右の図は発芽したインゲンマメのなえです。これについて，次の文の[ ]に入ることばを書きましょう。（20点）1つ10

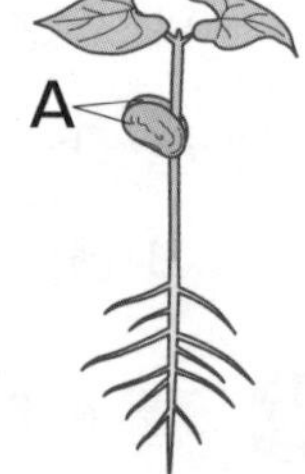

右の図の**A**の部分を横に切ってヨウ素液をつけても，色はほとんど変化しなかった。これは，[❶]のための養分として，種子にふくまれる[❷]が使われたためである。

答えは120ページ ☞

LESSON 61

植物の成長 ①

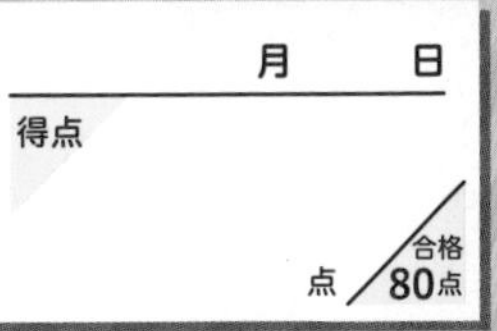

1 次のA，B，Cのようなそう置を用意し，同じように育ったインゲンマメのなえを3つ使って，植物の成長に必要な条件(じょうけん)を調べる実験をしました。あとの問いに答えましょう。（100点）1つ20

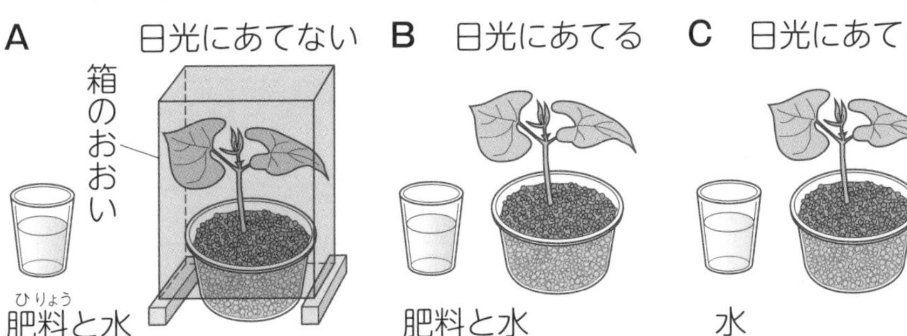

(1) 次の①～③の文は，1週間後のインゲンマメのようすを説明したものです。どのなえにあてはまりますか。それぞれA～Cから1つずつ選びましょう。

① くきが細く，葉が黄色っぽくて数が少なかった。 [　　]

② くきが細く，葉が小さくて数が少なかった。 [　　]

③ くきが太く，葉が大きくて数が多かった。 [　　]

(2) インゲンマメがよく成長するために次の①，②が必要かどうかを調べるのに比(くら)べるのはどれとどれですか。それぞれA～Cから2つずつ選びましょう。

① 日光 [　　と　　]

② 肥料 [　　と　　]

答えは120ページ

LESSON 62

植物の成長 ②

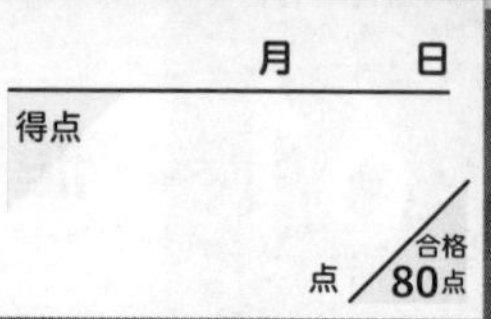

1 同じように育ったなえを4つ使って，植物の成長に必要な条件(じょうけん)を調べる実験1，2をしました。次の表は，その条件と結果(1週間後のようす)をまとめたものです。表の❶～❿に入ることばを書きましょう。（100点）1つ10

実験1 調べること…植物の成長に日光が必要かどうか

	なえA	なえB
日光	❶	❷
水	❸	❹
肥料(ひりょう)	あたえる	❺
結果	葉の色は こい緑色	葉の色は 黄色っぽい

実験2 調べること…植物の成長に肥料が必要かどうか

	なえC	なえD
日光	あてる	❻
水	❼	❽
肥料	❾	❿
結果	葉の色は こい緑色	葉の色は 緑色

答えは121ページ ☞

LESSON 63

メダカのたんじょう

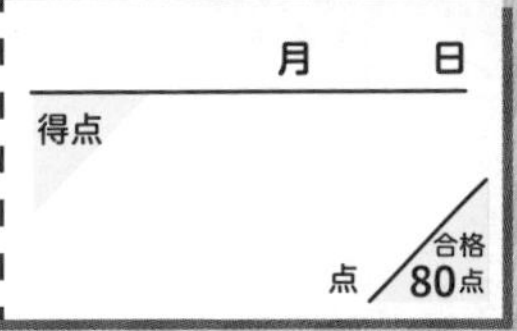

1 メダカについて，あとの[ ]に入ることばや記号を書きましょう。（40点）1つ10

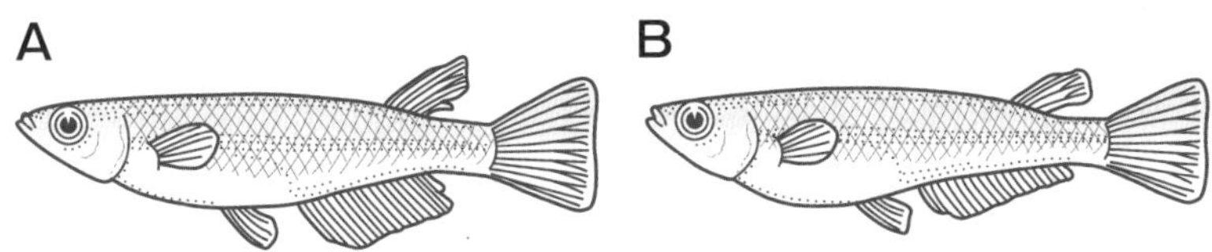

(1) おすのせびれには，切れこみが[ ]。

(2) おすはめすよりも，しりびれのうしろが[ ]。

(3) めすのはらは[ ]。

(4) 上の図の**A**・**B**のうち，めすは[ ]である。

2 あとの問いに答えましょう。（60点）1つ20

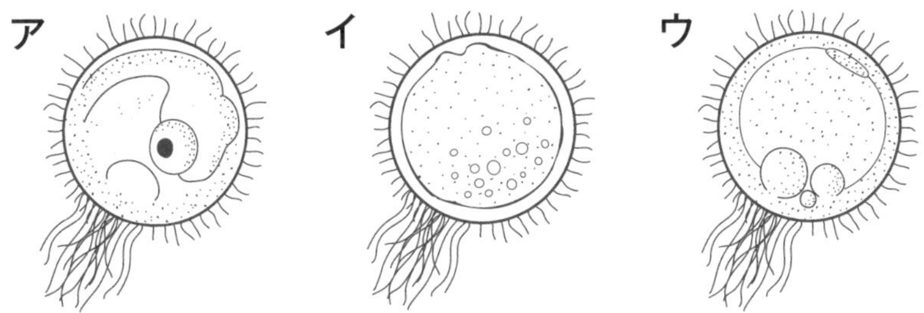

(1) 上の図の**ア**～**ウ**をたまごの育つ順にならべましょう。

[→ →]

(2) たまごからかえったばかりの子メダカのはらにあるふくろには何が入っていますか。 [ ]

(3) 子メダカが，たまごからかえってからしばらくは何も食べないのはなぜですか。理由を書きましょう。

[ ]

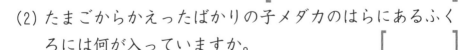

LESSON 64

メダカの飼い方

月　日

得点

点　合格80点

1 メダカの飼い方について，次の[　]に入ることばを，それぞれあとのア～クから１つずつ選びましょう。

（60点）1つ15

(1) メダカを飼うとき，水そうは，直接日光が[①　　　]，[②　　　]場所に置く。

(2) 水そうに入れる水は，[　　　]の水を入れ，よごれたときは入れかえる。

(3) たまごが産まれるよう，おすとめすを[　　　]水そうに入れる。

ア あたる　**イ** あたらない　**ウ** 明るい

エ 暗い　**オ** くみ置き　**カ** くんだばかり

キ 同じ　**ク** 別々の

2 次の文のうち，メダカを飼うとき，気をつけなければならないことについて正しいものには○を，正しくないものには×を書きましょう。（40点）1つ10

❶ メダカのえさは，食べ残しの出ないくらいの量を毎日あたえる。　[　　]

❷ 水そうの底には何も入れない。　[　　]

❸ 水そうには水草を入れる。　[　　]

❹ 水がよごれたら，水そうの水をすべて，くみ置きの水と入れかえる。　[　　]

答えは121ページ

LESSON 65

花から実へ ①

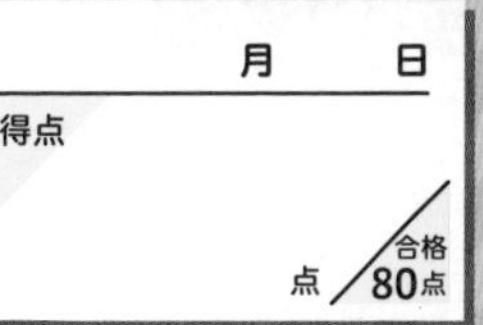

1 次の図は，アサガオの花とカボチャのおばな・めばなのつくりをかいたものです。あとの問いに答えましょう。

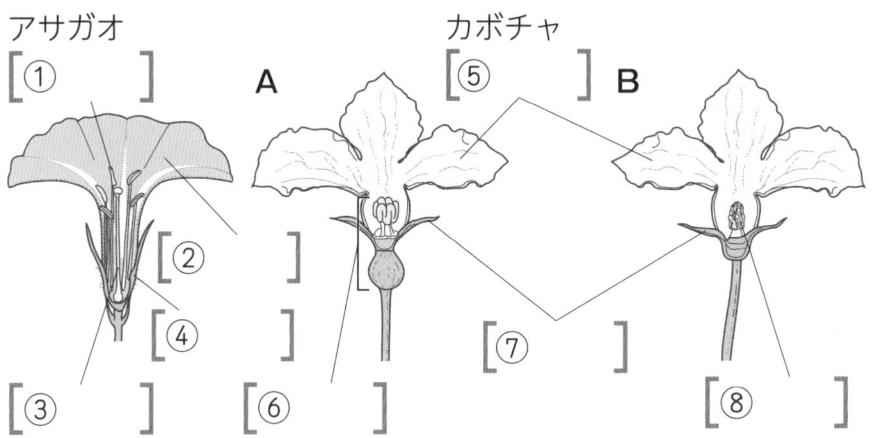

(1) 上の図の花の各部分の名まえを，それぞれ次の**ア**～**エ**から１つずつ選びましょう。（40点）1つ5

ア 花びら　**イ** がく　**ウ** おしべ　**エ** めしべ

(2) カボチャのおばなは，**A**・**B**のどちらですか。（20点）

[　　]

(3) カボチャの花で実ができるのは，おばな・めばなのどちらですか。（20点）　[　　]

(4) おばなとめばながあるものを次の**ア**～**オ**から２つ選びましょう。（20点）1つ10　[　　][　　]

ア アブラナ　**イ** ヘチマ　**ウ** ホウセンカ

エ ユリ　**オ** ヒョウタン

LESSON 66

花から実へ ②

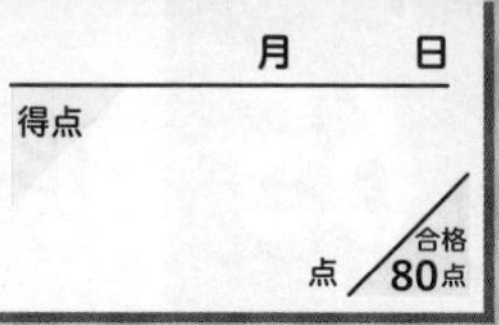

1 アサガオについて，次の［ ］に入ることばを，それぞれあとのア～カから１つずつ選びましょう。（70点）1つ10

(1) おしべの先には，［ ］の入ったふくろがある。

(2) おしべの［① ］が，めしべの［② ］につくことを［③ ］という。

(3) (2)のあと，めしべの［① ］が育って，［② ］になり，中に［③ ］ができる。

ア 花粉（かふん）　**イ** 先　**ウ** もとの部分

エ 受粉　**オ** 種子　**カ** 実

1つの花におしべとめしべがあるよ。

2 ヘチマの種子や実ができるのに，花粉が必要かどうかを調べました。あとの［ ］に入ることばや記号を書きましょう。（30点）1つ10

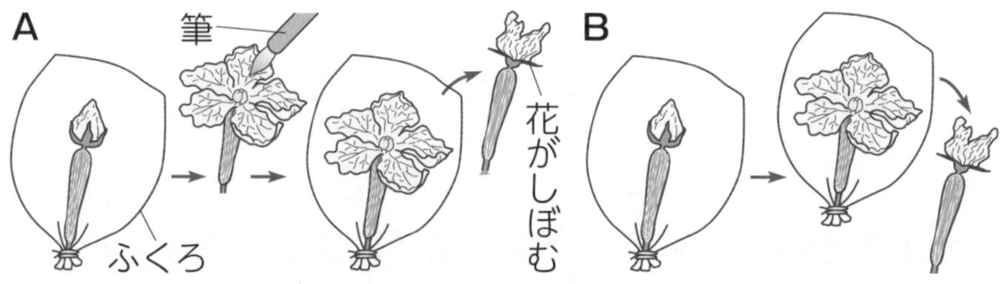

(1) 次の日にさきそうなヘチマの［ ］のつぼみにA，Bのようにふくろをかける。

(2) Aの花のめしべの先に，筆で［ ］をつけ，ふくろをかける。Bの花は，ふくろをかけたままにしておく。

(3) A・Bのうち，［ ］の花だけに種子や実ができる。

答えは121ページ

LESSON 67

もののとけ方 ①

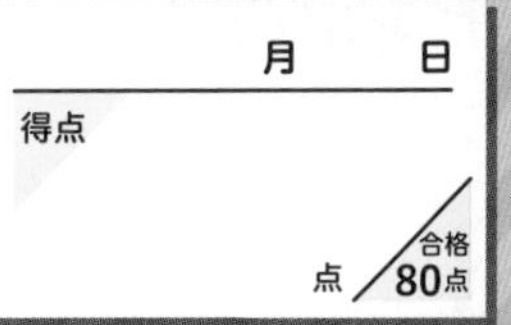

1 次の問いに答えましょう。（60点）1つ20

(1) 右の図で，食塩を水にとかしたあとの全体の重さは何gですか。右の図の[ ]に数字を入れましょう。

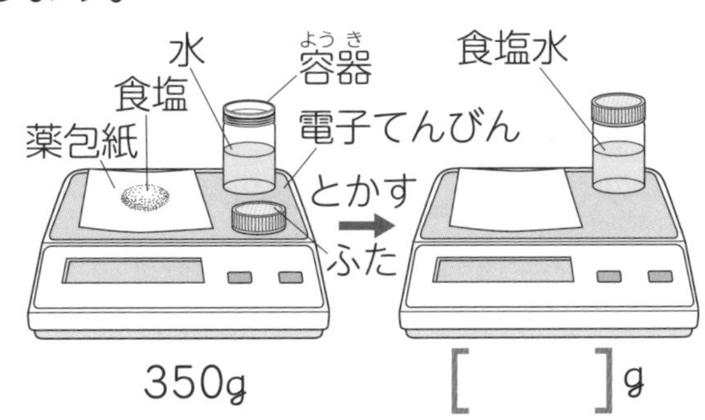

350g　[　　　]g

(2) 水50gに食塩5gをとかしました。できた食塩水の重さは何gですか。　[　　　]g

(3) 食塩水をメスシリンダーに入れると，水面が右の図のようになりました。食塩水の体積は何mLですか。

[　　　]mL

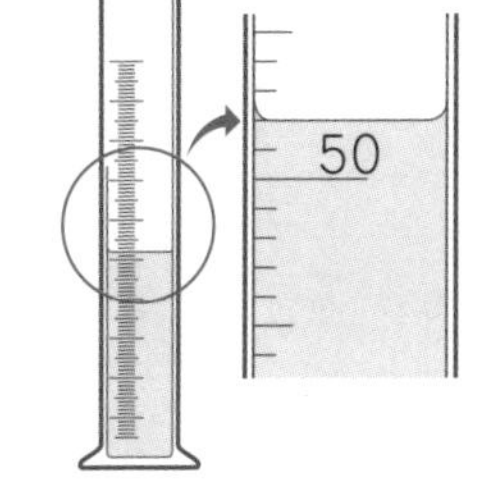

2 次の文のうち，正しいものには○を，正しくないものには×を書きましょう。（40点）1つ10

❶ 水にとけるものの量にはかぎりがある。　[　　]

❷ ものによって，決まった量の水にとける量がちがっている。　[　　]

❸ 水の量をふやしても，とける量は変わらない。　[　　]

❹ 水よう液は，時間がたつと，とけたものが下のほうにたまる。　[　　]

答えは122ページ

LESSON 68

もののとけ方 ②

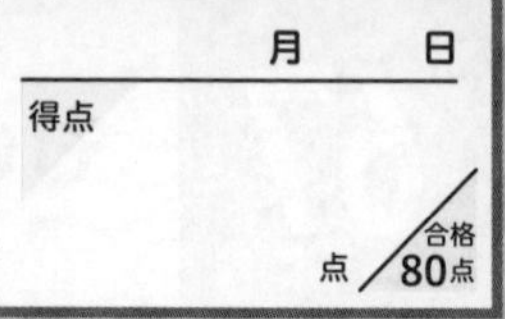

1 右の図は，水 50 mL（ミリリットル）にとける食塩とミョウバンの量をグラフに表したものです。次の問いに答えましょう。

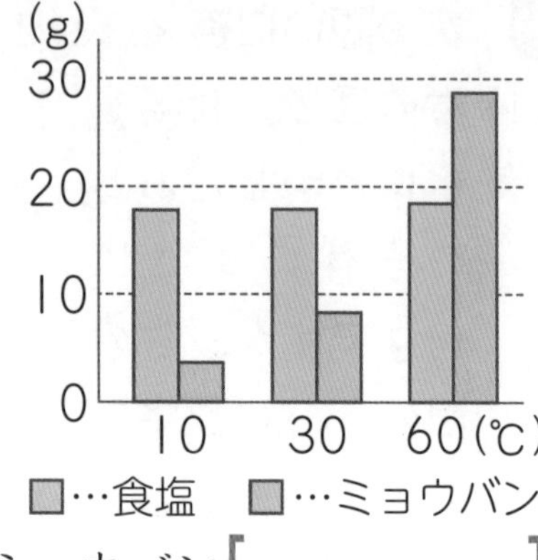

(1) 水の温度を上げると，食塩とミョウバンのとける量はどうなりますか。（20点）1つ10

食塩[　　　　　　]　ミョウバン[　　　　　　]

(2) 食塩とミョウバンを 60 ℃の水にとけるだけとかし，液（えき）の温度を下げたとき，とけていたものがつぶとなって多く出てくるのはどちらですか。（20点）　[　　　　　　]

(3) 液の温度を下げるほかに，とけていたものをとり出すにはどうすればよいですか。（20点）

[　　　　　　　　　　　　]

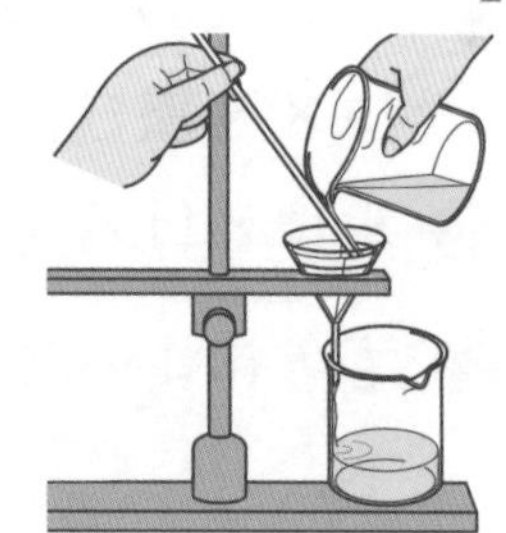

(4) 右の図のように，とけていたものが出てきた液をろ紙でこして，つぶをとりのぞきました。ろ紙でこすことを何といいますか。（20点）　[　　　　　　]

(5) 次の文の[　]に入ることばを書きましょう。（20点）1つ10

上の図で，ろうとの先をビーカーの[①　　　　]につけ，液を[②　　　　]に伝わらせて静かに注ぐ。

答えは122ページ ☞

LESSON 69

天気の変化

月　日

得点

点　合格80点

1 右の写真は，10月のある日の午前9時の雲画像（くもがぞう）です。次の問いに答えましょう。

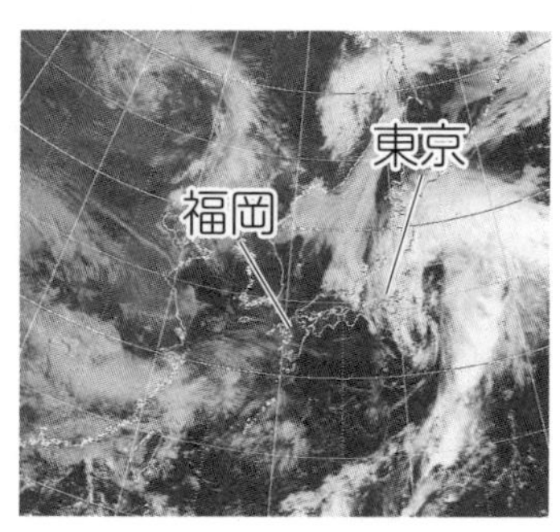

(1) 右の画像で，福岡と東京の天気はどのようであると考えられますか。次の**ア～ウ**から選びましょう。（20点）　[　　]

ア 福岡…晴れ　　東京…雨

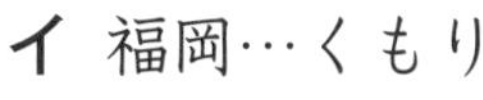

イ 福岡…くもり　　東京…晴れ

ウ 福岡…雨　　東京…くもり

白い部分が雲だよ。

(2) 次の[　]に入る方角を東・西・南・北のいずれかで答えましょう。（40点）1つ10

日本付近では，時間がたつにつれて，雲が[①　　]から[②　　]へ動いていく。したがって，天気もほぼ[③　　]から[④　　]へ変化していく。

(3) 次の日の東京の天気は，どうなると予想されますか。次の**ア・イ**から選びましょう。（20点）　[　　]

ア 晴れ　　**イ** 雨

(4) 雨をふらせる雲にはどのようなものがありますか。次の**ア～エ**から2つ選びましょう。（20点）1つ10

[　　][　　]

ア 巻雲（けんうん）　**イ** 積乱雲（せきらんうん）　**ウ** 乱層雲（らんそううん）　**エ** 飛行機雲

LESSON 70

台風と天気の変化

月　日

得点

点　合格 80点

1 台風について，あとの問いに答えましょう。

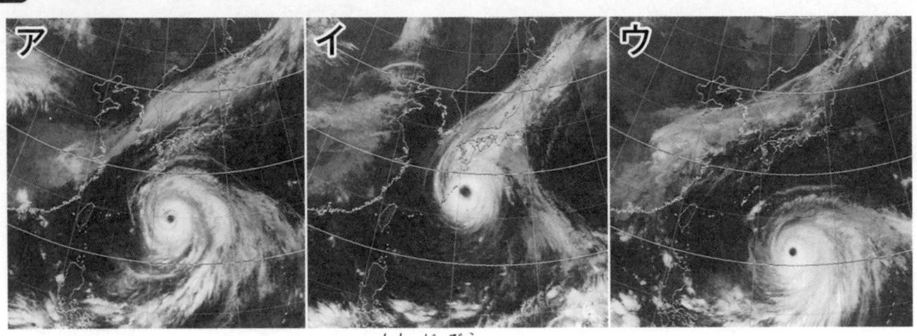

(1) 上の**ア**～**ウ**の台風の雲画像(くもがぞう)を古いものから順にならべましょう。(20点)　[　　→　　→　　]

(2) 台風は，日本の南のどのような所で発生しますか。(20点)

[　　　]

(3) 日本に台風が近づいてくるのは，いつごろですか。次の**ア**～**エ**から選びましょう。(20点)　[　　]

ア 春～夏　**イ** 夏～秋　**ウ** 秋～冬　**エ** 冬～春

(4) 台風が近づいた地いきではどのようなことが起こりますか。次の**ア**～**エ**から2つ選びましょう。(20点) 1つ10

[　　][　　]

ア 強い風がふく。　**イ** こいきりにおおわれる。

ウ 空気がかんそうする。　**エ** 大量の雨がふる。

(5) 台風によって起こる災害(さいがい)にはどのようなものがありますか。次の**ア**～**ウ**から選びましょう。(20点)　[　　]

ア こう水(ずい)　**イ** 火事　**ウ** つ波(なみ)

答えは122ページ ☞

LESSON 71

流れる水のはたらき ①

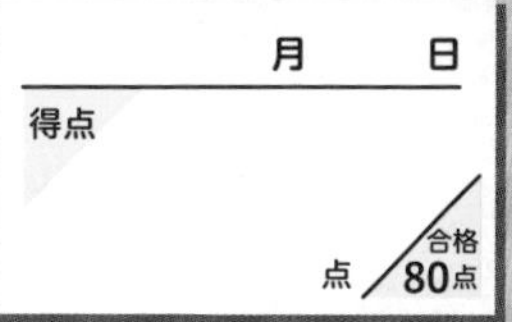

1 流れる水のはたらきについて，次の[ ]に入ることばを書きましょう。（60点）1つ20

流れる水が，地面をけずるはたらきを[❶]，土や石を運ぶはたらきを[❷]，土や石を積もらせるはたらきを[❸]という。

2 次の図は，川の曲がっている所を表しています。あとの[ ]に入ることばや記号を書きましょう。（40点）1つ10

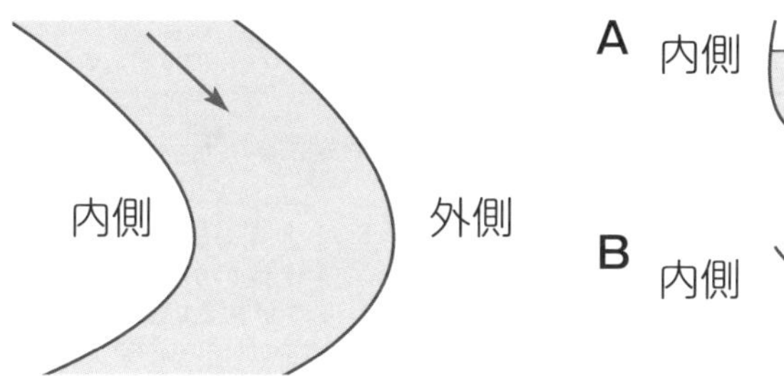

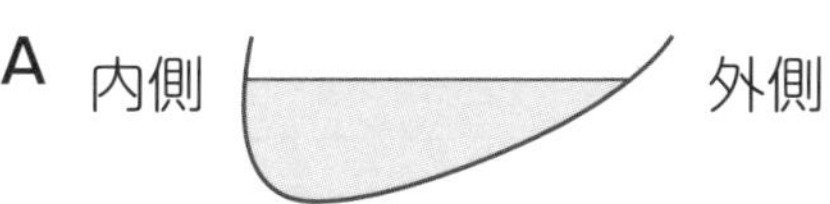

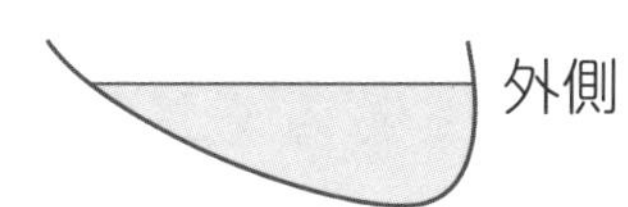

(1) 流れの速さは，川の曲がっている所の[①]でははやく，[②]ではおそい。

(2) 川の曲がっている所の川底のようすを表しているのは，上の図のA・Bのうち，[ ]である。

(3) 土や石を積もらせるはたらきが大きいのは，曲がっている所の[ ]である。

答えは123ページ☞

LESSON 72

流れる水のはたらき ②

月　日

得点

点　合格80点

1 川の上流，中流，下流のようすについて答えましょう。

(1) 右の写真は，上流，中流，下流のどの場所のものですか。(10点)

[　　　]

(2) 川のようすについてまとめた次の表の①〜⑥に入ることばをそれぞれあとの**ア〜カ**から１つずつ選びましょう。(60点) 1つ10

	川の流れ	川のはば	石のようす
上流	①	③	⑤
下流	②	④	⑥

ア はやい　**イ** ゆるやか　**ウ** 広い　**エ** せまい

オ 大きく，ごつごつしている

カ まるみをおびた小石やすなが多い

上流のほうが土地のかたむきが大きいよ。

2 次の[　]に入ることばを書きましょう。(30点) 1つ10

(1) 大雨がふって川の水の量が多くなると，川の流れの速さは[①　　　]なるので，川岸をけずるはたらきが[②　　　]なったり，川岸から水があふれたりして，こう水(ずい)などの災害(さいがい)が起こることがある。

(2) こう水などの災害に備(そな)えるために，予想されるひ害のようすや地いきのひなん場所を地図に表したものを，[　　　　　　]という。

答えは123ページ ☞

LESSON 73

人のたんじょう

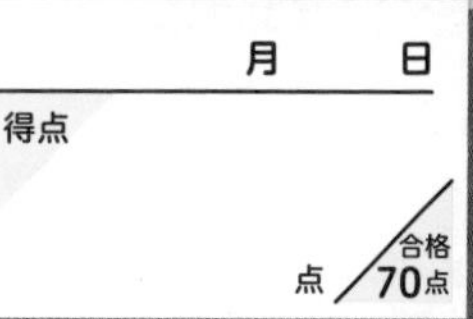

1 次の[ ]に入ることばを書きましょう。

(1) 男性の体内でつくられた[①]が，女性の体内でつくられた卵(卵子)と結びつくことを[②]といい，その卵を[③]という。(21点) 1つ7

(2) 胎児は，へそのおと[①]で母親とつながっている。赤ちゃんの[②]は，へそのおがとれたあとである。(16点) 1つ8

2 右の図を見て，次の[ ]に入ることばや数字を書きましょう。(63点) 1つ7

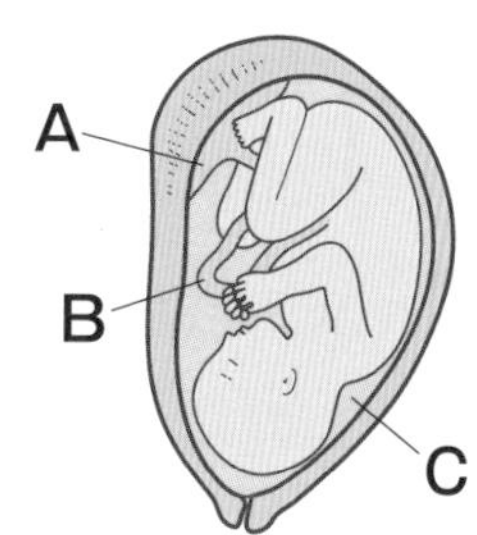

(1) 人は，母親の[①]という場所で，受精をしてから約[②]週間育てられる。

(2) 胎児は生まれるとき，体重は約[①]kg，身長は約[②]cm ぐらいに育っている。

(3) 右上の図にあるAは[①]であり，Bは[②]である。Cは[③]という液体で，外部からの力やしょうげきから，胎児をまもるはたらきをする。

(4) BはAとつながっている。胎児は，母親からBを通して，[①]などの成長にとって必要なものを受けとり，その一方で[②]を返している。

答えは123ページ

LESSON 74

ふりこの動き方

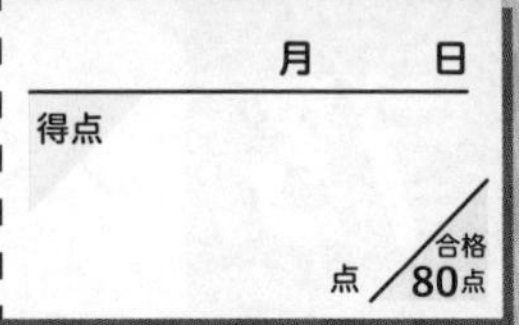

1 ふりこについて，次の問いに答えましょう。

(1) ふりこの1往復（おうふく）として，正しいものは次のどれですか。（10点）

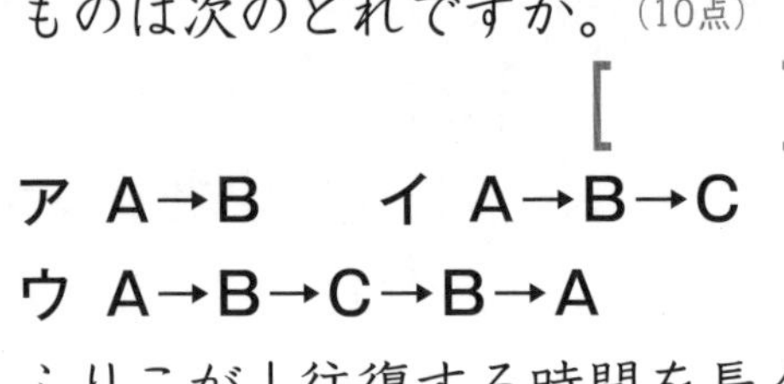

[　　]

ア A→B　イ A→B→C

ウ A→B→C→B→A

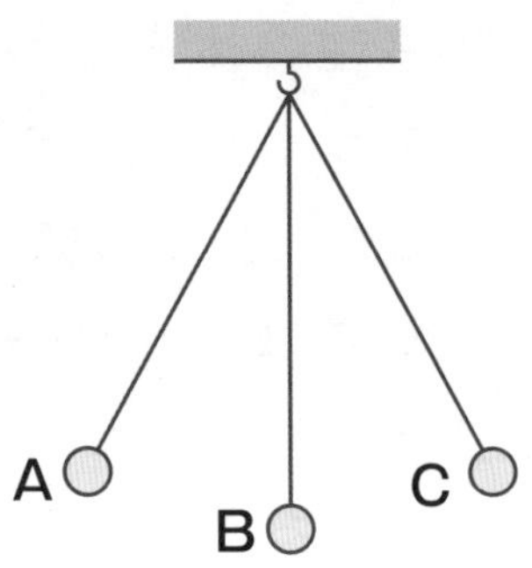

(2) ふりこが1往復する時間を長くするにはどうすればよいですか。（20点）

[　　　　　　　　]

2 次の問いに答えましょう。

(1) 次のように条件（じょうけん）を変えると，ふりこが1往復する時間はどのようになりますか。（30点）1つ10

① おもりの重さを重くする。 [　　　]

② ふれはばを大きくする。 [　　　]

③ ふりこの長さを長くする。 [　　　]

(2) ふりこが1往復する時間が同じものを次から選びましょう。（40点）1つ20 [　と　][　と　]

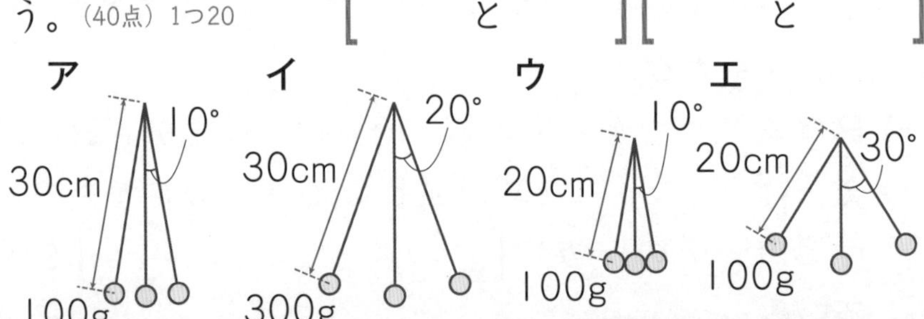

答えは123ページ

LESSON **75**

電磁石の性質

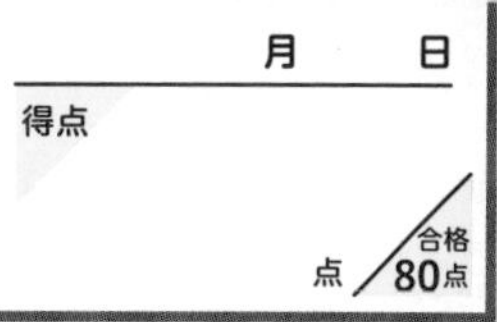

1 次の[ ]に入ることばや記号を書きましょう。（40点）1つ10

(1) 右の図のように，導線を同じ向きに何回もまいたものを[①]という。これに鉄心を入れて電流を流すと，[②]になる。

N極　A　鉄心
方位磁針
＋ －

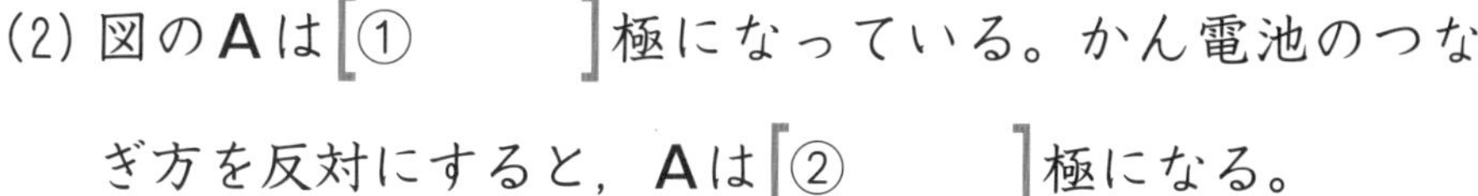

(2) 図のAは[①]極になっている。かん電池のつなぎ方を反対にすると，Aは[②]極になる。

2 ぼう磁石と電磁石のちがいを次のように表にまとめました。表の❶～❻に入ることばを，それぞれあとのア～カから１つずつ選びましょう。（60点）1つ10

	ぼう磁石	電磁石
鉄を引きつけるか	❶	❷
N極とS極	❸	❹
磁石の強さ	❺	❻

ア 電流が流れているときだけ引きつける。
イ いつも引きつける。
ウ 入れかえられる。　**エ** 入れかえられない。
オ 変えられる。　**カ** 変えられない。

電磁石の特ちょうを思い出そう!!

LESSON 76

電磁石の強さ

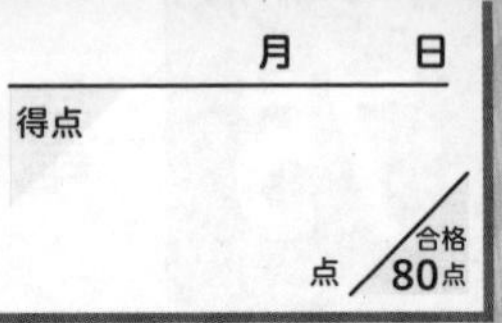

1 次の[ ]にことばや記号を書きましょう。（60点）1つ10

ア 100回まき

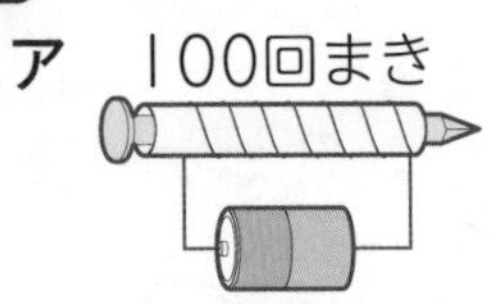

イ 200回まき

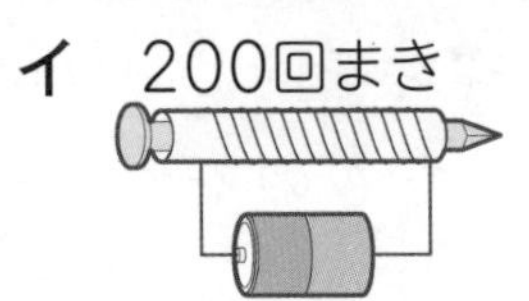

ウ 100回まき

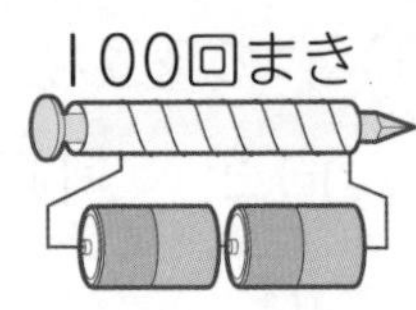

(1) コイルのまき数を変えると電磁石の強さはどうなるかを調べるには，**ア～ウ**のうち[①]と[②]を比べる。また，コイルのまき数をふやすと，電磁石の強さは[③]。

(2) コイルに流す電流の大きさを変えると電磁石の強さがどうなるかを調べるには，**ア～ウ**のうち[①]と[②]を比べる。コイルに流す電流の大きさを大きくすると，電磁石の強さは[③]。

2 次の[ ]にことばや記号を書きましょう。（40点）1つ10

(1) 電流計は回路に[①]につなぐ。また，電流計の＋のたんしにかん電池の[②]極から導線をつなぐ。

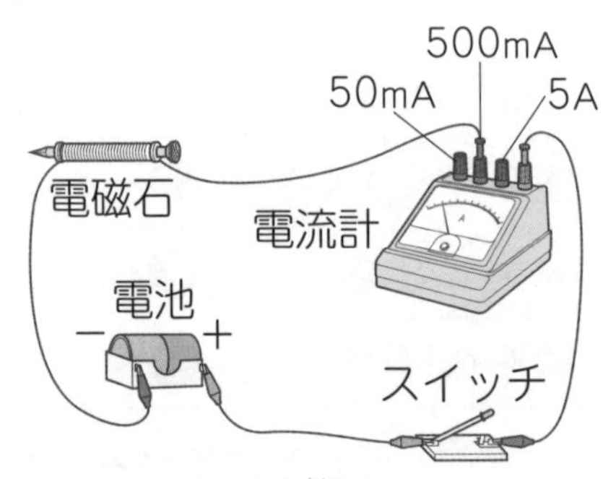

(2) 電磁石からのもう一方の導線は，まず，電流計の[①]の－たんしにつなぐ。このとき，電流計のはりのふれが小さければ，次は[②]の－たんしにつなぐ。

答えは124ページ

漢字の成り立ち

1 次の❶～❻の漢字は、どのようにして作られたものですか。あとから選んで、［　］に記号で答えましょう。（60点）一つ10

❶ 火［　　］ ❷ 森［　　］ ❸ 紙［　　］
❹ 下［　　］ ❺ 時［　　］ ❻ 土［　　］

ア ものの形をかたどった。
イ 意味を図形や記号で表した。
ウ 二つ以上の漢字の意味を組み合わせた。
エ 意味を表す字と読みを表す字を組み合わせた。

2 次の❶～❹の説明に合う漢字を書きましょう。（40点）一つ10

❶ 大の上の部分に「一」をつけて、頭上の空を表した字。［　　］

❷ 心を表す部首と音を表す「生（せい）」を合わせた字。［　　］

❸ 日と月がともに照らすことを表す字。［　　］

❹ 鳥が両方のつばさを広げた形をえがいた字。［　　］

LESSON 78

部首

月　日

得点　　点　合格70点

1 次の漢字の部首名をひらがなで書きましょう。（30点）一つ5

❶ 移［　　］　❷ 授［　　］
❸ 独［　　］　❹ 複［　　］
❺ 許［　　］　❻ 願［　　］

2 次の部首を使った漢字を二つずつ書きましょう。（30点）一つ5

❶ いとへん［　　］［　　］
❷ たけかんむり［　　］［　　］
❸ なべぶた［　　］［　　］

3 次の漢字に〔　〕の部首をつけた漢字を書きましょう。（40点）一つ10

❶ 車＋〔しんにょう〕［　　］
❷ 完＋〔こざとへん〕［　　］
❸ 兄＋〔しめすへん〕［　　］
❹ 去＋〔さんずい〕［　　］

答えは24ページ

LESSON 79

漢字の読み書き ①

得点　点　合格70点　月　日

1 次の漢字の読み方をひらがなで書きましょう。（40点）一つ5

❶ 父さん［　　］
❷ 姉さん［　　］
❸ 多い［　　］
❹ 小包み［　　］
❺ 大きい［　　］
❻ 王様［　　］
❼ 鼻血［　　］
❽ 氷［　　］

2 次の――線の言葉を漢字で書きましょう。（60点）一つ6

❶ 中学校のせいと。［　　］
❷ 小学校のじどう。［　　］
❸ 国語じてんで調べる。［　　］
❹ 学校をけっせきする。［　　］
❺ きゅうしょくとうばんになる。［　　］
❻ 植物をかんさつする。［　　］
❼ 小学校をそつぎょうする。［　　］
❽ せっきょくてきに参加する。［　　］
❾ 負けたことがざんねんだ。［　　］
❿ よいいんしょうを持つ。［　　］

LESSON 80

漢字の読み書き ②

得点　　点　合格70点　　月　　日

1 次の漢字の読み方をひらがなで書きましょう。（40点）一つ5

❶ 復興［　　］
❷ 組織［　　］
❸ 留守番［　　］
❹ 先導［　　］
❺ 厚着［　　］
❻ 逆光［　　］
❼ 可燃性［　　］
❽ 定規［　　］

2 次の――線の言葉を漢字で書きましょう。送りがなのつく字は、送りがなもつけましょう。（60点）一つ6

❶ だいとうりょうが来日する。［　　］
❷ ひたいのあせをぬぐう。［　　］
❸ 休けい室をもうける。［　　］
❹ 絵をふくせいする。［　　］
❺ 新入社員をとる。［　　］
❻ 服をきふする。［　　］
❼ 道にまよう。［　　］
❽ かいてきな生活。［　　］
❾ ほけんに加入する。［　　］
❿ 紙がやぶれる。［　　］

答えは25ページ

LESSON 81

物語を読む ①

得点　　点　合格60点　　月　　日

1 次の文章の[A]~[E]にあてはまる言葉をあとから選んで、記号で答えましょう。（100点）一つ20

二人のわかい紳士(しんし)が、すっかりイギリスの兵隊の形をして、[A]する鉄砲(てっぽう)をかついで、白くまのような犬を二ひき連れて、だいぶ山おくの、木の葉の[B]したとこを、こんなことを言いながら、歩いておりました。

「ぜんたい、ここらの山はけしからんね。鳥もけものも一ぴきもいやがらん。なんでもかまわないから、早く[C]と、やってみたいもんだなあ。」

「しかの黄色な横っぱらなんぞに、二、三発お見まいもうしたら、ずいぶん痛快(つうかい)だろうねえ。[D]回って、それから[E]たおれるだろうねえ。」

（宮沢賢治(みやざわけんじ)「注文の多い料理店」）

ア くねくね　イ くるくる　ウ こっそりと
エ どたっと　オ どろどろ　カ タンタアーン
キ ぴかぴか　ク ぴりぴり　ケ カサカサ
コ ザワザワ　サ からから　シ ゴトンゴトン

A[　　]　B[　　]　C[　　]
D[　　]　E[　　]

物語を読む ②

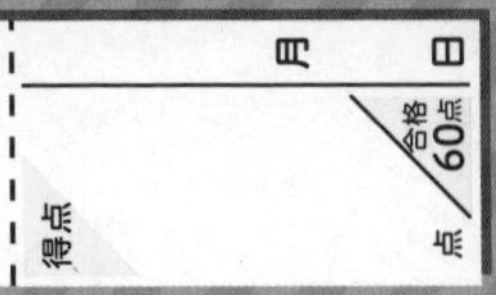

1 次の文章を読んで、あとの問いに答えましょう。

新学期になってすぐ、転校だなんて。

「ひどいよ、そんなの。」①

大樹(たいき)は、夕食のテーブルから思わず立ち上がった。

生まれ育ったこの町からどこかへ行くなんて、考えたこともなかった。

小さいころからいっしょだった友達と別れるなんて、思いもしなかった。

「ぼくだけ、ここに残りたいな。」

父が、②大樹のかたを静かにおさえた。

（加藤多一(かとうたいち)「五月になれば」）

(1) ――線①と大樹が言ったのはなぜですか。（40点）

[　　　　　　　　　　]

(2) 父は、何のために――線②のようにしたのですか。（60点）

[　　　　　　　　　　]

答えは25ページ

LESSON 83

説明文を読む ①

得点　点　合格60点　月　日

1 次の文章を読んで、あとの問いに答えましょう。

ワラの束でも、つまようじでも、何百本か束ねてヒモで強くしばると、どうなるでしょう。束ねた断面は四角にはならなくて丸くなりますね。地球が丸くなったのも、これと同じ理由です。（中略）

大雨が降ると崖が崩れます。梅雨の末期や台風のときの大雨は大被害を生むこともあります。一方、川や海が岸を削っていきます。［A］、風が吹けば山の上からは石が転がり落ちます。なんの関係もない現象に見えますが、じつは私たち地球科学者から見ると、こういった現象はすべて、地球を丸くしていくことなのです。つまり、ほうっておけば引力のために地球は「［B］なりたい」性質をもっているのです。

（島村英紀「地球がわかる50話」）

(1) ――線のようにすると、ワラの束はどうなりますか。（40点）

［　　　　］

(2) ［A］にあてはまる言葉を次から選んで、記号で答えましょう。（30点）

［　　］

ア しかし　イ だから　ウ また　エ さて

(3) ［B］にあてはまる二字の言葉をぬき出して書きましょう。（30点）

説明文を読む ②

得点　　点　合格60点　　月　　日

1 次の文章を読んで、あとの問いに答えましょう。

世界のウミガメ類はいずれもその生存がおびやかされて、危機的状況にある種だと現在では考えられている。人間が海に進出するようになって、ウミガメが生きていくために　A　影響を与えるようになった。

（中略）海上ばかりでなく、産卵のための砂浜はうめられ、上陸しても安全な場所はなく、そのうえ、卵の採取やべっこう細工など人間の欲望のために捕獲されて、今世紀になってその数を、確実に減らしつづけている。

しかし最近では、こうした人間からの　B　接の被害よりも、投棄されるプラスチック製品や釣り糸などの人工廃棄物による間接的な危険が大きくなっているのだ。

（高橋健「海の不思議を探る」）

(1) 何が――線の状況にあるのですか。（40点）

[　　　　　　　　　　]

(2) 　A　にあてはまる言葉を次から選んで、記号で答えましょう。（30点）　[　　]

ア やっと　　イ 大きな　　ウ 少しも　　エ 今後は

(3) 　B　にあてはまる漢字一字を書きましょう。（30点）

□

答えは25ページ

LESSON 85

言葉のきまり ①

得点　　点　合格70点　　月　日

1 あとの言葉を❶物の名前を表す言葉、❷動きや働きを表す言葉、❸性質(せいしつ)や状態(じょうたい)を表す言葉に分けて、[　]に記号で答えましょう。（40点）一つ5

❶ [　　] [　　] [　　]

❷ [　　] [　　] [　　]

❸ [　　] [　　]

ア 広い　**イ** 流れる　**ウ** 書く　**エ** 空気

オ 強い　**カ** 山　**キ** 人間　**ク** 動く

2 次の文の中から、❶物の名前を表す言葉、❷動きや働きを表す言葉、❸性質や状態を表す言葉を二つずつぬき出して書きましょう。（60点）一つ5

(1) とても美しいオーロラが見える、遠い国をおとずれる。

❶ [　　　　] [　　　　]

❷ [　　　　] [　　　　]

❸ [　　　　] [　　　　]

(2) 楽しく遊ぶ弟のすがたをかわいいと思う。

❶ [　　　　] [　　　　]

❷ [　　　　] [　　　　]

❸ [　　　　] [　　　　]

LESSON 86 言葉のきまり ②

得点　　点　　合格 70点　　月　　日

1 次の言葉を組み合わせて一つの言葉にしましょう。（40点）一つ8

❶ ごみ＋ふくろ → [　　　　]

❷ ふね＋のる → [　　　　]

❸ ねがう＋こと → [　　　　]

❹ かわ＋くだる → [　　　　]

❺ みる＋おくる → [　　　　]

2 次の文の主語には――線を、述語（じゅつご）には～～～線を引きましょう。（36点）一つ9

❶ 兄が　妹に　よばれた。

❷ 父が　妹に　兄を　よばせた。

似ている文でも主語と述語がちがうよ。

3 次の文の関係を考えて、[　]に「だから」または「しかし」を書きましょう。（24点）一つ8

❶ 雨がやんだ。[　　　　]、海で泳いだ。

❷ かぜをひいた。[　　　　]、学校に行った。

❸ かぜをひいた。[　　　　]、病院で薬をもらった。

答えは25ページ

LESSON 87

漢字の読み書き ③

得点　点　合格70点　月　日

1 次の漢字の読み方をひらがなで書きましょう。（40点）一つ5

❶ 特効薬［　　］　❷ 伝授［　　］

❸ 再来年［　　］　❹ 永遠［　　］

❺ 非売品［　　］　❻ 墓前［　　］

❼ 文化財［　　］　❽ 易者［　　］

2 次の――線の言葉を漢字で書きましょう。送りがなのつく字は、送りがなもつけましょう。（60点）一つ6

❶ すがたをあらわす。［　　］

❷ 手本をしめす。［　　］

❸ 息をころす。［　　］

❹ 連らくがたえる。［　　］

❺ 時間がすぎる。［　　］

❻ 人口がふえる。［　　］

❼ けわしい山道。［　　］

❽ 学問をおさめる。［　　］

❾ 青い服がにあう。［　　］

❿ 身長をはかる。［　　］

LESSON 88

漢字の読み書き ④

得点　　点　合格70点　　月　日

1 次の漢字の読み方をひらがなで書きましょう。（40点）一つ5

❶ 比率 [　　]
❷ 境界線 [　　]
❸ 余分 [　　]
❹ 校舎 [　　]
❺ 可能 [　　]
❻ 朝刊 [　　]
❼ 増減 [　　]
❽ 夫妻 [　　]

2 次の――線の言葉を漢字で書きましょう。送りがなのつく字は、送りがなもつけましょう。（60点）一つ6

❶ ほかの人にまかせる。[　　]
❷ 旅館をいとなむ。[　　]
❸ 他人の失敗をせめる。[　　]
❹ 薬がきく。[　　]
❺ 医師（いし）をこころざす。[　　]
❻ 新しい生活になれる。[　　]
❼ テントをはる。[　　]
❽ 風がこころよい。[　　]
❾ 申し出をことわる。[　　]
❿ けがをした小鳥をすくう。[　　]

答えは26ページ

LESSON 89

詩を読む ①

得点　点　合格60点　月　日

1 次の詩を読んで、——線①〜⑤の言葉の意味として適切なものを線で結びましょう。（100点）一つ20

やしの実

島崎藤村

名も知らぬ遠き島より
流れよるやしの実一つ

ふるさとの岸をはなれて
①なれはそも②波にいく月

もとの樹は生いやしげれる
枝はなおかげをやなせる

われもまたなぎさをまくら
ひとり身の③うきねの旅ぞ

実をとりてむねにあつれば
新たなり④流離のうれい

海の日のしずむを見れば
たぎり落つ⑤いきょうのなみだ

思いやる八重のしおじお
いずれの日にか国に帰らん

① なれ　●　　　● 遠い地をさまよう
② そも　●　　　● 生まれた所とちがう場所
③ うきね　●　　　● お前
④ 流離　●　　　● ねる場所が決まっていない
⑤ いきょう　●　　　● いったい

LESSON 90 詩を読む ②

月　日

得点　　点　合格75点

1 次の詩を読んで、あとの問いに答えましょう。（100点）一つ25

山のあなた

カール＝ブッセ・作
上田敏・やく

山のあなたの空遠く、
「幸」住むと人のいふ。
ああ、われひとと尋めゆきて、
涙さしぐみ、かへりきぬ。
山のあなたになほ遠く、
「幸」住むと人のいふ。

(1) ——線①「いふ」②「かへりきぬ」の歴史的かなづかいの部分を、現代かなづかいに直して書きましょう。

① いふ　[　　]

② かへりきぬ　[　　]

(2) この詩の説明として適切なものを次から二つ選んで、記号で答えましょう。[　　][　　]

ア 自由な形式で全体としてリズムを表している。

イ 七音・五音のくり返しでリズムを表している。

ウ 作者は山のかなたに「幸」を見つけることができた。

エ 作者はどこにも「幸」を見つけられなかった。

答えは26ページ

漢字の読み書き ⑤

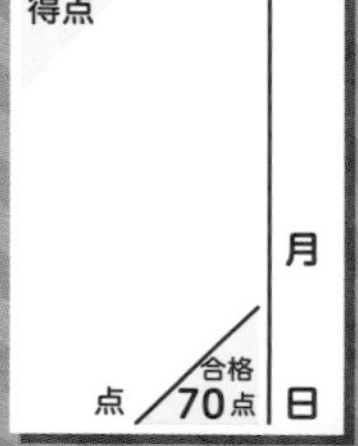

1 次の漢字の読み方をひらがなで書きましょう。（40点）一つ5

① 序文［　　］　② 航海［　　］

③ 鉱石［　　］　④ 興味［　　］

⑤ 素行［　　］　⑥ 粉末［　　］

⑦ 事態［　　］　⑧ 調査［　　］

2 次の――線の言葉を漢字で書きましょう。送りがなのつく字は、送りがなもつけましょう。（60点）一つ6

① 木をロープでかこう。［　　］

② 家に友人をまねく。［　　］

③ 親にさからう。［　　］

④ 問題をとく。［　　］

⑤ 家で犬をかう。［　　］

⑥ 病気をふせぐ。［　　］

⑦ ほめられてよろこぶ。［　　］

⑧ どくとくの文化。［　　］

⑨ 大きなそんしつだ。［　　］

⑩ しんきょうを語る。［　　］

答えは126ページ

LESSON 92

漢字の読み書き ⑥

得点　点　合格70点　月　日

1 次の漢字の読み方をひらがなで書きましょう。（40点）一つ5

① 祖先［　　］
② 罪悪［　　］
③ 競技［　　］
④ 現在［　　］
⑤ 守衛［　　］
⑥ 消毒［　　］
⑦ 正義［　　］
⑧ 有益［　　］

2 次の――線の言葉を漢字で書きましょう。送りがなのつく字は、送りがなもつけましょう。（60点）一つ6

① 生徒をひきいる。［　　］
② ぶあつい本を読む。［　　］
③ いきおいに乗る。［　　］
④ うおうさおうする。［　　］
⑤ ちょきんをする。［　　］
⑥ せいせきが上がる。［　　］
⑦ さんみゃくが連なる。［　　］
⑧ マフラーをあむ。［　　］
⑨ 絵の具をまぜる。［　　］
⑩ げいじゅつの秋。［　　］

答えは27ページ

物語を読む ③

得点　　点　合格50点　月　日

1 次の文章を読んで、あとの問いに答えましょう。（100点）一つ50

　クラスで文集を作ることになり、テーマごとに一位から五位までの人気投票をすることになった。「明るい人、おもしろい人、運動ができる人。このほかに、何かありませんか。」と学級委員長が聞いた。

　すると、もの静かなハルトが、「パソコンに明るい人というテーマも入れてください。」と小さな声で言った。すかさず「それって、自分が一位になりたいからじゃないの。」とリカが口をはさむと、ハルトはだまってうつむいてしまった。

(1) 学級委員長が言う——線とは、どのような意味で使われていますか。

[　　　　　　　　]

(2) ハルトが言う〰〰線とは、どのような意味で使われていますか。

[　　　　　　　　]

LESSON 94

物語を読む ④

得点　　点　合格50点　　月　　日

1 次の文章を読んで、あとの問いに答えましょう。 (100点)一つ50

彼女は、ワシントンが少年時代にあやまって大切な木を切りたおしたという物語を、できるだけ感激的な言葉を使って話し出した。それは恭一と次郎にとっては、<u>もう決して新しい物語ではなかった</u>。次郎は、話しっぷりは学校の先生の方がうまいな、と思ってきいていた。

「大きくなって偉くなる人は、みんな子どものとき、この通り□だよ。わかったかい。」

(自分でやったことをやったと言うのは、あたりまえのことじゃないか。)

(下村湖人「次郎物語」)

(1) ――線とは、どういう意味ですか。

[　　　　]

(2) □にあてはまる言葉を次から選んで、記号で答えましょう。

[　　]

ア 冷静　イ 正直　ウ 親切　エ 利口

答えは27ページ

LESSON 95 説明文を読む ③

得点　　点　合格60点　　月　日

1 次の文章を読んで、あとの問いに答えましょう。

毛筆や鉛筆（えんぴつ）そして万年筆ともちがう新しい筆記用具として登場したのがボールペンである。（中略（ちゅうりゃく））

ボールペンの歴史（れきし）は、一八八八年にアメリカのジョン・ラウドという人が考え出したのがはじめだという。［A］、インク漏（も）れがひどいために実用とはならなかった。それから［B］世紀余（せいきあま）りがたって、ハンガリーの新聞の校正係ラディスラオ・ビロが、ラウドの考案を知って研究に着手した。校正係のビロは、細い管のなかに粘度（ねんど）の高いインクを入れて、先端（せんたん）のボールでインクを出す現在（げんざい）のボールペンの方法の開発に成功した。一九四三年のことであった。翌年（よくねん）には、大量生産がはじまった。

（小関智弘（こせきともひろ）「道具にヒミツあり」）

(1) ――線のインクにはどのようなちょうがありますか。（40点）

［　　　　］

(2) ［A］にあてはまる言葉を次から選んで、記号で答えましょう。（30点）

［　　］

ア しかし　**イ** また　**ウ** さて　**エ** だから

(3) ［B］にあてはまる漢字一字を書きましょう。（30点）

□

LESSON 96 説明文を読む ④

1 次の文章を読んで、あとの問いに答えましょう。

マゼランペンギンは、ふだんは海でくらして、繁殖期になると営巣地にもどってくる。海にいる間は、[A]陸にあがらないらしい。

地面にほった浅い穴、深くほったトンネル、斜面の横穴、そして木の根元のくぼみなど、いろいろな場所に、いろいろなやりかたで巣をつくって、卵をふたつ産む。

オスとメスが交代で卵をあたためて、ヒナがかえると、最初の一か月くらいは、これまた[B]で海に出て食べ物を持ちかえる。ヒナがある程度大きくなってくると、食べる量も多くなるので、両親が同時に海に出て、食べ物をできるだけたくさんとってこようとする。

（川端裕人「サボテン島のペンギン会議」）

(1) [A]にあてはまる言葉を次から選んで、記号で答えましょう。（30点）

ア たとえ　イ きっと　ウ ほとんど　エ まさか

[　　]

(2) [B]にあてはまる二字の言葉をぬき出して書きましょう。（30点）

[　　]

(3) ――線とありますが、それはなぜですか。（40点）

[　　]

LESSON 97

和語・漢語・外来語

得点　点　合格70点　月　日

1 次の言葉は、和語・漢語・外来語のどれになりますか。和語はア、漢語はイ、外来語はウと答えましょう。（30点）一つ5

❶ 食べる [　　]　❷ 食事 [　　]

❸ ホテル [　　]　❹ 旅館 [　　]

❺ デスク [　　]　❻ つくえ [　　]

2 次の言葉の和語の読み方と漢語の読み方をひらがなで書きましょう。（30点）一つ5

❶ 見物　和語 [　　]　漢語 [　　]

❷ 人気　和語 [　　]　漢語 [　　]

❸ 年月　和語 [　　]　漢語 [　　]

3 次の外来語を、和語もしくは漢語で書きましょう。（40点）一つ5

❶ キッチン [　　]　❷ スイミング [　　]

❸ ドリンク [　　]　❹ スピード [　　]

❺ アート [　　]　❻ メッセージ [　　]

❼ コメント [　　]　❽ サイエンス [　　]

答えは127ページ

LESSON 98

意味をそえる言葉

得点　　点　合格70点　月　日

1 次の文の□にあてはまる言葉をあとから選んで、記号で答えましょう。（50点）一つ10

❶ 寒いうえに雨□ふり出した。 [　　]

❷ お金が十円□残っていない。 [　　]

❸ 空港までは一時間□かかる。 [　　]

❹ 小学一年生□読める漢字だ。 [　　]

❺ 算数□はだれにも負けない。 [　　]

ア だけ　**イ** まで　**ウ** ほど　**エ** でも　**オ** しか

2 [　] にあてはまる言葉をあとから選んで、記号で答えましょう。（50点）一つ10

弟が、虫を入れた箱を母に見せ、中身がわかる[❶　　]と聞いた。母は「さあ、何[❷　　]。」と答えたので、弟は「開けてみて[❸　　]。」と言った。箱を開けた母は虫におどろいて、「どうしてこんなことをする[❹　　]。」と言った。そして、弟は、そのようないたずらは二度とする[❺　　]と注意された。

ア の　**イ** な　**ウ** かしら　**エ** よ　**オ** か

答えは27ページ

LESSON 99

敬語 ①

得点 点 合格70点 月 日

1 次の文は、尊敬語、けんじょう語、ていねい語のどれの説明ですか。尊敬語は**ア**、けんじょう語は**イ**、ていねい語は**ウ**と答えましょう。（30点）一つ10

❶ 自分や身内の動作をへりくだって表現することで、その動作を受ける人への敬意を表す。 [　　]

❷ 目上の人や大勢の人などに話したり書いたりするときに使い、相手への敬意を表す。 [　　]

❸ 相手や話題になっている人の動作を高めて表現し、その人への敬意を表す。 [　　]

2 次の文の——線は、尊敬語、けんじょう語、ていねい語のどれになりますか。尊敬語は**ア**、けんじょう語は**イ**、ていねい語は**ウ**と答えましょう。（70点）一つ10

❶ わたしの名前は山田です。 [　　]

❷ 校長先生がお話をなさる。 [　　]

❸ 神社にお願いに参る。 [　　]

❹ お客様をお見送りする。 [　　]

❺ ゆっくりとお休みください。 [　　]

❻ 入選おめでとうございます。 [　　]

❼ わたしの作品をお見せします。 [　　]

答えは128ページ

LESSON 100

敬語②

得点　　点　合格70点　　月　　日

1 次の文の――線を尊敬語に直したものをあとから選んで、記号で答えましょう。（50点）一つ10

❶ お客様がお茶を飲む。　[　　]

❷ 教頭先生が言う。　[　　]

❸ 先生がわたしの顔を見る。　[　　]

❹ 先生が本をくれる。　[　　]

❺ 先生は体育館にいる。　[　　]

ア くださる　**イ** めしあがる　**ウ** いらっしゃる
エ おっしゃる　**オ** ごらんになる

2 次の文の――線をけんじょう語に直したものをあとから選んで、記号で答えましょう。（50点）一つ10

❶ 私は田中と言います。　[　　]

❷ 先生にプリントをもらいます。　[　　]

❸ わたしが説明をします。　[　　]

❹ 先生に意見を聞きます。　[　　]

❺ お客様に会いました。　[　　]

ア いただき　**イ** お目にかかり　**ウ** いたし
エ もうし　**オ** うかがい

答えは28ページ

LESSON 101

作文①

得点　　点　合格80点　　月　日

1 次の文は、「公共の乗り物では席をゆずろう」という意見文に書かれている内容(ないよう)です。このうち、「意見」であるものには**ア**、「事実」であるものには**イ**と答えましょう。（100点）一つ20

❶ 一度勇気を出して席をゆずると、声をかけるのが意外と平気になる。

[　　]

❷ 子どものころから、席をゆずるマナーを身につけていくことが大切だ。

[　　]

❸ 公共の乗り物には、老人や体の不自由な人が優先(ゆうせん)的にすわれる席がある。

[　　]

❹ 席をゆずっても断(ことわ)られることもあるが、気にせずにいよう。

[　　]

❺ 席をゆずったときに、とても喜んでもらって感謝(かんしゃ)されたことがある。

[　　]

LESSON 102 作文②

得点　　点　合格50点　　月　日

1 次の❶❷のことについて話し合ったところ、[　]のような意見が出ました。それぞれに対する反対意見を書きましょう。（100点）一つ50

❶「インスタント食品を積極的に利用すべきかどうか。」

インスタント食品をいつも利用しているとそれぞれの家庭の味が失われてしまう。料理も下手になる。

[　　　　　　　　　　]

❷「手紙はパソコンで書くか、手書きにすべきか。」

パソコンで書かれた手紙にはこころがこもっていないように思う。もらってもうれしくない。たとえ時間はかかってもこころをこめて手で書くべきである。

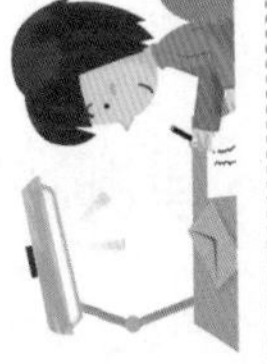

[　　　　　　　　　　]

答えは28ページ

物語を読む ⑤

月　日

得点　点　合格 60点

1 次の文章を読んで、あとの問いに答えましょう。

残雪は、このぬま地に集まるガンの頭領らしい、なかなかりこうなやつで、仲間がえをあさっている間も、油断なく気を配っていて、①りょうじゅうのとどく所まで、決して人間を寄せつけませんでした。

大造じいさんは、このぬま地をかり場にしていたが、いつごろからか、この残雪が来るようになってから、一羽のガンも手に入れることができなくなったので、［　　　］思っていました。

そこで、残雪がやって来たと知ると、大造じいさんは、②今年こそはと…（後略）

（椋鳩十「大造じいさんとガン」）

(1) ——線①とは、どういう意味ですか。（30点）

［　　　　　　　　　　　　］

(2) ［　　］にあてはまる言葉を次から選んで、記号で答えましょう。（30点）

ア うらやましく　　イ たのもしく

ウ いまいましく　　エ はれがましく

［　　］

(3) ——線②とありますが、どうするのですか。（40点）一つ20

一羽でも［　　　　］を［　　　　　　］みせる。

説明文を読む ⑤

得点　　点　合格60点　　月　日

1 次の文章を読んで、あとの問いに答えましょう。

日本の川は季節によって、□の量が①いちじるしくかわる。冬は少なく、春から夏にかけては水量をまし、ときにはあふれ出してたびたび水害をもたらした。そのたびに流れがかわり、岸はえぐりとられ、あふれた水によって広い氾濫原(はんらんげん)ができた。こうした変化する川の流れをうまく利用する術(すべ)を、川魚は長い地球の歴史(れきし)のなかで②獲得(かくとく)してきた。アユも、夏の終わりの台風などがもたらす出水を利用して川をくだって産卵(さんらん)する。

しかし自然は、いつも生物にとって都合よくしくまれてばかりはいない。

（高橋(たかはし)　健(けん)「川の自然を残したい――川那部浩哉(かわなべひろや)先生とアユ」）

(1) □にあてはまる漢字一字を書きましょう。（30点）

□

(2) ――線①とは、どういう意味ですか。（30点）

［　　　　］

(3) ――線②とありますが、何を獲得してきたのですか。（40点）

［　　　　］

答えは28ページ

答え
全科5年

英語

① アルファベット（大文字）　1ページ

1 (1) K　(2) S　(3) N　(4) D

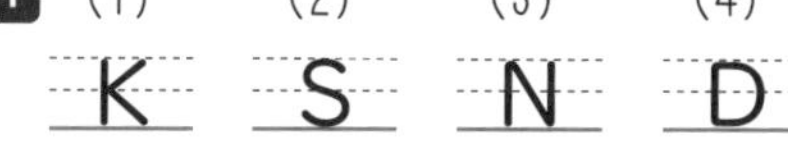

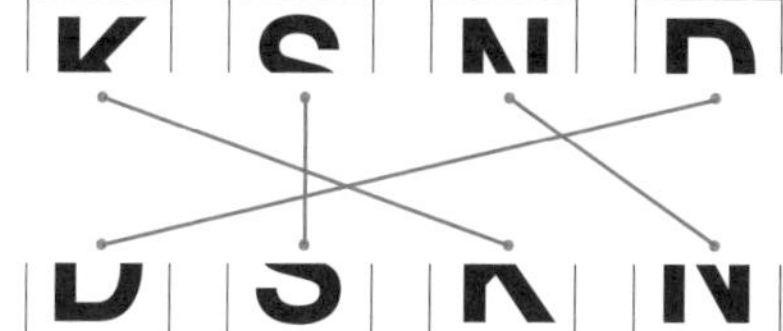

2 (1)

(2)

アドバイス アルファベットの形や順番を正しく覚えましょう。

② アルファベット（小文字）　2ページ

1 (1) f, u, y, r　(2) l, g, e, v, a

r	y	u	t
u	c	r	f
r	f	y	r
y	u	f	a

cat

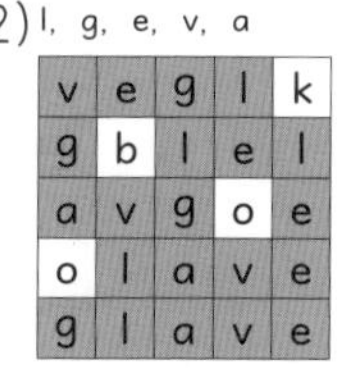

v	e	g	l	k
g	b	l	e	l
a	v	g	o	e
o	l	a	v	e
g	l	a	v	e

book

2 (1) hmtx　(2) bipq　(3) djow

アドバイス 大文字と小文字を書きまちがえないように注意しましょう。

③ わたしは～です。　3ページ

1

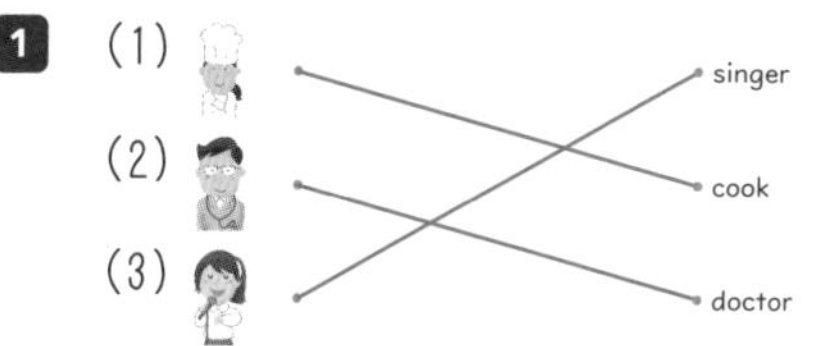

2 (1) I am a police officer.

(2) You are Mary.

アドバイス ペアになって，自分の名前を相手に英語で伝えてみましょう。

④ わたしは～です。（様子を説明）　4ページ

1 (1) happy
(2) sleepy
(3) sad
(4) angry

2 (2) I am strong.

(3) I am shy.

アドバイス ペアになって，自分のことを説明する練習をしてもよいでしょう。

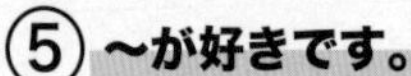

⑤ ～が好きです。 5ページ

1

a b c a t m j c
f k e b l e s n
o f b a q i t l
x n i p r d o g
t i g e r d h n

2 (1) I like sheep.

(2) Do you like fish?

— Yes, I do.

アドバイス 自分の好きなものを相手に伝えてみましょう。

⑥ ～がほしい。 6ページ

1 (1) pizza

(2) candy

(3) juice

(4) coffee

2 (1) I want ice cream.

(2) Do you want tea?

アドバイス 自分のほしいものや食べたいものを，英語で何というか調べてみましょう。

⑦ ～を持っています。 7ページ

1

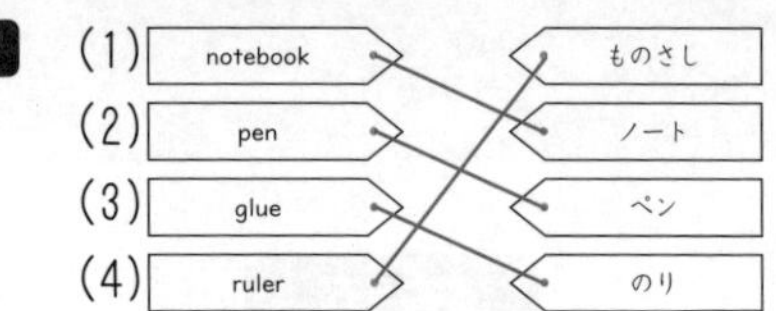

2 (1) I have a tomato.

(2) Do you have a crayon?

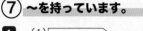

アドバイス 自分の持ち物を相手に伝えてみましょう。

⑧ 何時に起きますか。 8ページ

1 (1) five o'clock

(2) two thirty-five

(3) ten thirty

(4) four fifteen

2 (1) What time do you get up?

(2) I eat dinner at seven.

アドバイス 英語での時刻(じこく)の表し方を覚えましょう。

⑨ ～できます。　9ページ

1
(1) サッカー　s[o]ccer
(2) テニス　te[n][n]is
(3) 泳ぐ　sw[i]m
(4) 止まる　st[o]p
(5) ピアノ　[p]ia[n]o

□にできた単語：onion

2
(1) I can play basketball.
(2) Can you play the guitar?

アドバイス 特技(とくぎ)や趣味(しゅみ)など，自分のできることを説明してみましょう。

⑩ ～したいです。　10ページ

1
ca p（ぼうし）→ p ants（ズボン）→ s h oes（くつ）→ s k irt（スカート）→ T-sh i rt（Tシャツ）

2
(1) I want to buy a watch.
(2) I want to buy a hat.

アドバイス 自分がしたいことを考えて，「～したいです。」と相手に伝えましょう。

⑪ ～に行きたいです。　11ページ

1
(1)　(2)　(3)
オーストラリア ―― Australia
カナダ ―― America
アメリカ ―― Canada

2
(1) Where do you want to go?
(2) I want to go to China.

アドバイス 自分が行きたい国や場所の英語での言い方を調べてみましょう。

⑫ ～はどこにありますか。　12ページ

1

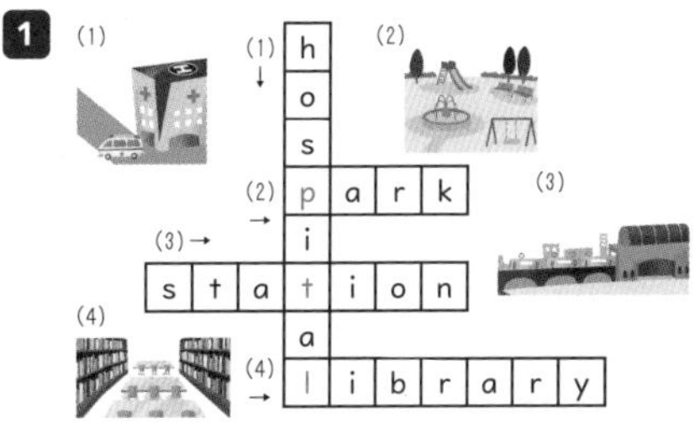

2
(1) Where is the bank?
(2) Where are you?

アドバイス さまざまな場所や施設(しせつ)がどこにあるのかたずねる表現を覚えましょう。

算数

⑬ 整数と小数　13ページ

1 ❶ (左から)6, 7, 5

❷ (左から)1, 0.1, 0.01

2 7352 こ

考え方 0.002, 0.05, 0.3, 7 は, それぞれ **0.001** を何こ集めた数かを考えます。

3 ❶ (左から)

27.5, 275, 2750

❷ (左から)

3.61, 36.1, 361

考え方 **10 倍, 100 倍, 1000 倍,** …すると, 位はそれぞれ **1 けた, 2 けた, 3 けた,** …上がります。

4 ❶ $\frac{1}{10}$　❷ $\frac{1}{1000}$

考え方 $\frac{1}{10}$, $\frac{1}{100}$, $\frac{1}{1000}$, … すると, 位はそれぞれ **1 けた, 2 けた, 3 けた,** …下がります。

⑭ 分数と整数・小数　14ページ

1 ❶ $\frac{1}{5}$　❷ $\frac{9}{10}$　❸ $\frac{2}{7}$

❹ $\frac{10}{3}\left(3\frac{1}{3}\right)$

考え方 商を分数で表すには, **■÷●=$\frac{■}{●}$** を使います。

2 ❶ 0.5　❷ 0.125　❸ 0.6

❹ 3

考え方 分数を小数や整数に直すには, **分子÷分母** として計算します。

3 ❶ $\frac{7}{10}$　❷ $\frac{29}{10}\left(2\frac{9}{10}\right)$

❸ $\frac{19}{100}$　❹ $\frac{5}{1}$

4 $\frac{3}{4}$, 0.7, $\frac{2}{3}$, 0.5, 0

考え方 分数を小数に直して考えます。

⑮ 倍数と約数 ①　15ページ

1 ❶ 3, 6, 9, 12, 15

❷ 7, 14, 21, 28, 35

❸ 15, 30, 45, 60, 75

考え方 ある数のいちばん小さい倍数は, その数自身です。

2 ❶ 6, 12, 18

❷ 12, 24, 36

考え方 **公倍数**は, 2つ以上の整数に共通な倍数のことです。

3 ❶ 1, 2, 3, 6

❷ 1, 2, 3, 4, 6, 9, 12, 18, 36

❸ 1, 13

4 ❶ 1, 2, 4

❷ 1, 2, 3, 4, 6, 12

考え方 **公約数**は, 最大公約数の約数になっています。

⑯ 倍数と約数 ②　16ページ

1 ❶ 40　❷ 18　❸ 14　❹ 36

2 ❶ 6　❷ 4　❸ 1　❹ 11

考え方 **最大公約数**は, 公約数の中でいちばん大きい数です。

3　8時40分

»考え方 10と8の**最小公倍数**を考えます。

4　6人

»考え方 30と24の**最大公約数**を考えます。

⑰ 小数のかけ算 ①　17ページ

1　(順に)10，$\frac{1}{10}$，78

2

❶
```
   30
 ×1.3
   90
  30
 39.0
```
❷
```
   25
 ×2.4
  100
  50
 60.0
```
❸
```
   21
 ×1.8
  168
  21
 37.8
```
❹
```
    9
 ×3.3
   27
  27
 29.7
```
❺
```
   12
 ×0.5
  6.0
```
❻
```
   26
 ×2.5
  130
  52
 65.0
```

»考え方 整数のかけ算と同じように計算してから，**小数点**をうちます。

3　216円

»考え方 80×2.7=216

⑱ 小数のかけ算 ②　18ページ

1　(順に)10，10，$\frac{1}{100}$，2.73

2

❶
```
  3.1
 ×1.2
   62
  31
 3.72
```
❷
```
  2.2
 ×4.1
   22
  88
 9.02
```
❸
```
  5.2
 ×1.5
  260
  52
 7.80
```
❹
```
  7.2
 ×0.6
 4.32
```
❺
```
  0.8
 ×0.9
 0.72
```
❻
```
  1.25
 ×  0.4
 0.500
```

»考え方 積の小数点から下のけた数は，かけられる数とかける数の小数点から下のけた数の和になります。

3　(○をつけるもの)❶，❹

»考え方 かける数が1より小さいとき，積はかけられる数より小さくなります。

⑲ 小数のわり算 ①　19ページ

1　(順に)10，10，6.5，6.5

2

❶
```
        28
 1.2)33.6
      24
       96
       96
        0
```
❷
```
        24
 2.7)64.8
      54
      108
      108
        0
```
❸
```
        5
 0.6)3.0
     3 0
       0
```
❹
```
        60
 1.2)72.0
      72
        0
```
❺
```
        5
 7.9)39.5
      395
        0
```
❻
```
       0.4
 6.5)2.6.0
      260
        0
```

»考え方 **商の小数点**は，わられる数の右に移(うつ)した小数点の位置になります。

3　(○をつけるもの)❷，❹

»考え方 わる数が1より小さいとき，商はわられる数より大きくなります。

⑳ 小数のわり算 ②　20ページ

1

❶
```
        3
 0.5)1.9
      15
      0.4
```
3余(あま)り0.4

❷
```
      17
0.7)12.0
     7
    50
    49
    0.1
```
17余り0.1

❸
```
       5
2.6)14.8
    130
     1.8
```
5余り1.8

≫考え方 **余り**の小数点の位置は，わられる数のもとの小数点の位置になります。

2 ❶
```
         4
      5.38
1.3)7.0
    65
     50
     39
     110
     104
       6
```
5.38 →約5.4

❷
```
      33.33
2.4)80.0
    72
     80
     72
      80
      72
       80
       72
        8
```
33.33 →約33.3

❸
```
     4.33
0.9)3.9
    36
     30
     27
      30
      27
       3
```
4.33 →約4.3

≫考え方 小数第1位までのがい数にするには，小数第2位まで商を求め，小数第2位を**四捨五入**（ししゃごにゅう）します。

3　3.5 m

≫考え方 16.1÷4.6=3.5

㉑ 体　積 ①　　21ページ

1　❶216 cm^3　❷125 cm^3

≫考え方 ❶ 9×6×4=216

❷ 5×5×5=125

直方体の体積は たて×横×高さ，立方体の体積は 1辺×1辺×1辺 で求めます。

2　(1)4 m^3

(2)4000000 cm^3

≫考え方 (1)2×1×2=4

(2)200×100×200=4000000

また，次のようにして求めることもできます。

1 m^3 は1辺が 1 m の立方体の体積です。

1 m=100 cm だから，この体積を cm^3 で表すと，

100×100×100=1000000(cm^3)

このことから，4 m^3=4000000 cm^3

3　30 m^3

≫考え方 2×5×3=30

㉒ 体 積 ②　22ページ

1 ❶ 196 cm^3 ❷ 270 cm^3

》》考え方 複雑(ふくざつ)な立体では，直方体や立方体に分けてそれぞれの体積を求めてから合わせる方法❶〔4×8×5+4×3×(8−5)=196〕や，ない部分をうめて1つの直方体と考えて体積を求めてから，うめた部分の体積をひく方法〔下の答え〕などが考えられます。

❶ 4×8×8=256
4×(8−3)×(8−5)=60
256−60=196
❷ 5×10×6=300
5×(10−4−3)×2=30
300−30=270

2 35 cm

》》考え方 11.9 L=11900 cm^3
11900÷(17×20)=35

3 ❶ 1000000 ❷ 1000
❸ 1 ❹ 1000

》》考え方 ❷ **1 L は 1 辺が 10 cm の立方体の体積**です。
❹ 1 m^3=1000000 cm^3,
1 L=1000 cm^3 だから,
1 m^3=1000 L です。

㉓ 合同な図形　23ページ

1 Ⓐ, Ⓘ

2 (1)頂点(ちょうてん)H (2)3 cm

3 Ⓔ

㉔ 約分と通分　24ページ

1 ❶ (左から)2, 2
❷ (左から)4, 9

》》考え方 **等しい分数**をつくるときは，分母と分子に同じ数をかけたり，同じ数でわったりします。

2 ❶ $\frac{1}{3}$ ❷ $\frac{1}{7}$ ❸ $\frac{2}{5}$ ❹ $\frac{3}{4}$
❺ $\frac{2}{3}$ ❻ $\frac{1}{3}$

》》考え方 **約分**とは，分母と分子を同じ数でわることです。
ふつう，約分は分母がいちばん小さくなるようにします。

3 ❶ $\frac{8}{12}$, $\frac{3}{12}$ ❷ $\frac{7}{21}$, $\frac{6}{21}$
❸ $\frac{12}{40}$, $\frac{5}{40}$ ❹ $\frac{15}{18}$, $\frac{4}{18}$

》》考え方 **通分**とは，大きさを変えずに，分母が同じ分数に直すことです。

㉕ 分数のたし算とひき算 ①　25ページ

1 ❶ (左から)2, 5
❷ (左から)15, 15, 15

2 ❶ $\frac{11}{15}$ ❷ $\frac{5}{9}$ ❸ $2\frac{5}{12}\left(\frac{29}{12}\right)$
❹ $2\frac{5}{28}\left(\frac{61}{28}\right)$

》》考え方 分母のちがう分数のたし算やひき算は，**通分**をして，分母をそろえてから計算します。

3 ❶ $\frac{3}{10}$ ❷ $\frac{5}{12}$ ❸ $1\frac{3}{8}\left(\frac{11}{8}\right)$
❹ $1\frac{17}{18}\left(\frac{35}{18}\right)$

㉖ 分数のたし算とひき算 ② 26 ページ

1 ❶ $\frac{1}{2}$ ❷ $1\frac{7}{8}\left(\frac{15}{8}\right)$

❸ $3\frac{1}{6}\left(\frac{19}{6}\right)$ ❹ $\frac{19}{12}\left(1\frac{7}{12}\right)$

≫考え方 通分してから，分子どうしをたします。答えが**約分**できるときは，約分をします。

❶ $\frac{3}{10}+\frac{1}{5}=\frac{3}{10}+\frac{2}{10}=\frac{\overset{1}{\cancel{5}}}{\underset{2}{\cancel{10}}}=\frac{1}{2}$

❷ $1\frac{1}{2}+\frac{3}{8}=1\frac{4}{8}+\frac{3}{8}=1\frac{7}{8}$

❸ $1\frac{1}{2}+1\frac{2}{3}=1\frac{3}{6}+1\frac{4}{6}=2\frac{7}{6}=3\frac{1}{6}$

❹ $\frac{5}{6}+\frac{1}{4}+\frac{1}{2}=\frac{10}{12}+\frac{3}{12}+\frac{6}{12}=\frac{19}{12}$

2 ❶ $\frac{1}{4}$ ❷ $2\frac{1}{2}\left(\frac{5}{2}\right)$

❸ $1\frac{5}{12}\left(\frac{17}{12}\right)$ ❹ $\frac{1}{24}$

≫考え方 ❶ $\frac{4}{5}-\frac{11}{20}=\frac{16}{20}-\frac{11}{20}=\frac{\overset{1}{\cancel{5}}}{\underset{4}{\cancel{20}}}$
$=\frac{1}{4}$

❷ $2\frac{9}{10}-\frac{2}{5}=2\frac{9}{10}-\frac{4}{10}=2\frac{\overset{1}{\cancel{5}}}{\underset{2}{\cancel{10}}}=2\frac{1}{2}$

❸ $3\frac{1}{6}-1\frac{3}{4}=3\frac{2}{12}-1\frac{9}{12}$
$=2\frac{14}{12}-1\frac{9}{12}=1\frac{5}{12}$

❹ $\frac{7}{8}-\frac{1}{2}-\frac{1}{3}=\frac{21}{24}-\frac{12}{24}-\frac{8}{24}=\frac{1}{24}$

3 オレンジジュースのほうが

$\frac{5}{24}$ L 多い。

≫考え方 $\frac{2}{3}$ L $=\frac{16}{24}$ L，$\frac{7}{8}$ L $=\frac{21}{24}$ L

$\frac{7}{8}-\frac{2}{3}=\frac{21}{24}-\frac{16}{24}=\frac{5}{24}$

㉗ 三角形の面積 27 ページ

1 ❶ 36 cm² ❷ 24 cm²

❸ 18 cm²

≫考え方 次の面積の公式を使います。

三角形の面積＝底辺×高さ÷2

❶ 9×8÷2=36

❷ 8×6÷2=24

❸ 4×9÷2=18

2 ❶ 42 cm² ❷ 13 cm²

≫考え方 ❶ 7×12÷2=42

❷ 4×6.5÷2=13

3 20 cm²

≫考え方 (4+6)×(4+2)÷2=30

(4+6)×2÷2=10　30−10=20

㉘ 四角形の面積 ① 28 ページ

1 ❶ 35 cm² ❷ 72 cm²

❸ 77 cm²

≫考え方 次の面積の公式を使います。

平行四辺形の面積＝底辺×高さ

底辺が何 cm で，高さが何 cm かを正確（せいかく）にとらえましょう。

❶ 7×5=35

❷ 6×12=72

❸ 11×7=77

2 104 m²

≫考え方 下の図のように，色をつけた部分を移動（いどう）させると，**1つの平行四辺形**になります。

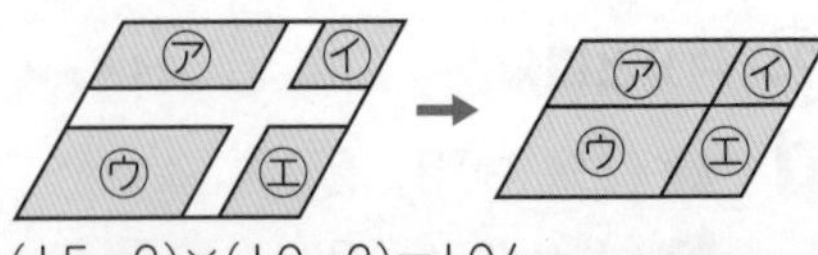

(15−2)×(10−2)=104

3　12

≫考え方 **面積の公式**にあてはめると，
□×6=72 となります。
この式から，□にあてはまる数を求めるには，
72÷6=12 とします。

㉙ 四角形の面積 ②　29ページ

1　(1)(左から)下底，高さ
(2)対角線

2　❶ 16 cm²
❷ 24 cm²

≫考え方 ❶ 4×8÷2=16
❷ (3+9)×4÷2=24

3　❶　❷

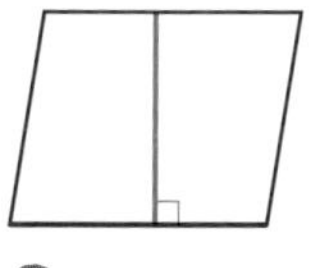

❸　❹

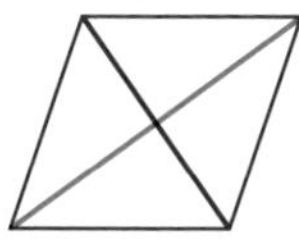

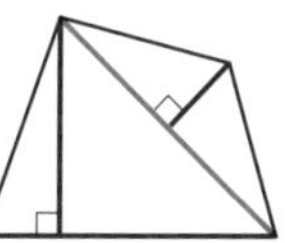

≫考え方 ❶ 平行四辺形の高さは底辺に垂直です。三角定規を使って正しくかきましょう。

㉚ 比　例　30ページ

1　(1)(左から)12，16，20，24
(2)2倍，3倍となる。
(3)比例
(4)4×□＝△
(5)10分後

㉛ 平　均　31ページ

1　512歩

≫考え方 (512+508+517+511)÷4
=512

2　24ページ

≫考え方 216÷9=24

3　(1)30点　(2)7点

≫考え方 (1)6×5=30
(2)(1)から5回の合計が30点とわかりますから，合計から4回分の得点をひけば，3回目の得点が求められます。
30−(4+6+7+6)=7

㉜ 単位量あたりの大きさ　32ページ

1　(1)A　8 km，B　6 km
(2)A　約0.13 L，
　B　約0.17 L
(3)A

≫考え方 1 Lあたりに進む道のりで比べた場合は，道のりの長いほうがよく走るといえます。
また，1 kmあたりに使うガソリンの量で比べた場合はガソリンの量が少ないほうが，よく走るといえます。
(1)自動車Aは，40÷5=8
自動車Bは，90÷15=6
(2)自動車Aは，5÷40=0.1$\overset{3}{\cancel{25}}$
自動車Bは，15÷90=0.1$\overset{7}{\cancel{66}}$…

2　ノートB

≫考え方 それぞれのノート1さつあたりのねだんを求めて比べます。
ノートAは，1100÷10=110
ノートBは，840÷8＝105

㉝ 速 さ ①　33ページ

1 時速 70 km

≫考え方 210÷3=70

2 (1)分速 60 m　(2)秒速 1 m

≫考え方 **速さ=道のり÷時間** で求めます。
分速を秒速に直す場合，分速を 60 でわります。
(1)240÷4=60
(2)60÷60=1

3 (1)分速 1800 m
(2)時速 108 km

≫考え方 秒速を分速に直す場合は，
秒速×60 で，分速を時速に直す場合は，
分速×60 で求められます。
(1)30×60=1800
(2)1800 m=1.8 km　1.8×60=108

㉞ 速 さ ②　34ページ

1 240 km

≫考え方 60×4=240

2 7.2 km

≫考え方 **道のり=速さ×時間** で求めますが，
それぞれの単位をそろえる必要があります。
2時間=120分
60×120=7200
7200 m=7.2 km
または，分速 60 m=時速 3.6 km
3.6×2=7.2(km)

3 8時間

≫考え方 360÷45=8

4 50分

≫考え方 **時間=道のり÷速さ** で求めますが，
それぞれの単位をそろえる必要があります。
3 km=3000 m
3000÷60=50

㉟ 割 合 ①　35ページ

1 ❶80%　❷8割(わり)　❸0.64
❹6割4分(ぶ)　❺0.27
❻27%　❼75.3%
❽7割5分3厘(りん)

≫考え方 次のことが基本(きほん)となります。

小　数	1	0.1	0.01	0.001
百分率(ひゃくぶんりつ)	100%	10%	1%	0.1%
歩合(ぶあい)	10割	1割	1分	1厘

2 (1)0.25　(2)75
(3)60　(4)80

≫考え方 (1)3÷12=0.25
(2)15÷20×100=75
(3)300×0.2=60
(4)32÷0.4=80

㊱ 割 合 ②　36ページ

1 20%

≫考え方 次の式を使います。
割合(わりあい)(%)=比(くら)べる量÷もとにする量×100
6÷30×100=20

2 1950 m²

≫考え方 次の式を使います。
比べる量=もとにする量×割合
3000×0.65=1950

3 1400円

≫考え方 30% 引きで買うということは，
2000円の 70% で買うということです。
2000×(1−0.3)=1400(円)
また，次のようにして求めることもできます。
まずねだんの 30% を求めて，
2000×0.3=600(円)
2000−600=1400(円)

4 4000円

考え方 次の式を使います。

もとにする量=比べる量÷割合

3200÷(1−0.2)=4000

㊲ 図形の角　37ページ

1 ❶60°　❷75°　❸60°
❹55°　❺105°

考え方 次の性質(せいしつ)を使います。

- 三角形の3つの角の大きさの和は 180° です。
- 四角形の4つの角の大きさの和は 360° です。

また，一直線の角の大きさは 180° であることもわすれないようにしましょう。

❶ 180°−(50°+70°)=60°

❷ (180°−30°)÷2=75°

❸ 180°÷3=60°

❹ 360°−(110°+95°+100°)=55°

❺ 180°−(50°+55°)=75°
180°−75°=105°

2 (1)3つ　(2)540°

考え方 五角形は，1つの頂点(ちょうてん)から，3つの三角形に分けることができます。

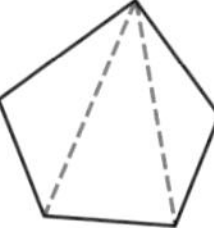

1つの三角形の3つの角の大きさの和は 180° だから，五角形の角の大きさの和は 180°×3=540° です。

㊳ 正多角形　38ページ

1 ❶ 72°　❷ 45°

2 (1)135
(2)18
(3)5

考え方 (2)半径3cmの円の中に1辺3cmの正三角形が6つ入ります。

3 (1)正三角形
(2)6倍

考え方 (1)3つの辺の長さが等しくなります。
(2)正六角形 BCDEFG は正三角形 ABC と合同な正三角形6つ分と同じ面積になります。

㊴ 円 周　39ページ

1 ❶31.4cm　❷25.12cm

考え方 次の公式を使います。

円周=直径×円周率(えんしゅうりつ)

また，半径がわかっているときは，

円周=半径×2×円周率

で求めます。

❶ 10×3.14=31.4

❷ 4×2×3.14=25.12

2 ❶25.7cm　❷12.56cm

考え方 ❶ 5×2×3.14÷2=15.7
15.7+5×2=25.7

❷ 2×2×3.14÷2=6.28
2×3.14=6.28
6.28+6.28=12.56

3 3倍

考え方 **円周=直径×円周率** で求められますが，円周率は変わらないので，直径が2倍，3倍，……になると，円周も2倍，3倍，……になります。

72÷24=3

㊵ 角柱と円柱　　40ページ

1　❶三角柱　❷円柱　❸五角柱

》》考え方 角柱の名まえは，底面の形によって，○角柱とつけられています。

2　❶頂点(ちょうてん)　❷辺　❸底面
❹側面　❺底面

3　❶7
❷15
❸10

》》考え方 ○角柱(○にはいろいろな数が入ります)には，次のような特ちょうがあります。

- 面の数は，○+2(2は底面の数)
- 辺の数は，○×3
- 頂点の数は，○×2
- 側面の形は，長方形か正方形

社会

㊶ 世界の大陸と海洋　　41ページ

1　(1)(あ)ウ　(い)ア　(う)イ
(2)A…ウ　B…ア　C…エ
D…オ　E…カ　F…イ
(3)赤道(せきどう)

》》考え方 世界には，**太平洋(たいへいよう)**・**大西洋(たいせいよう)**・インド洋の3つの大洋と，6つの大陸があります。最も大きな大洋は太平洋で，最も大きな大陸は**ユーラシア大陸**です。

㊷ 世界の国々　　42ページ

1　(1)ロシア連邦(れんぽう)
(2)中華人民共和国(ちゅうかじんみんきょうわこく)…**ア**
オーストラリア…**イ**
(3)フランス・ドイツ・イタリア(順不同)
(4)ウ

》》考え方 (1)**ロシア連邦**はユーラシア大陸にある国で，日本の約45倍の面積があります。
(2)**中華人民共和国**はユーラシア大陸にあり，日本の西に位置しています。オーストラリアは日本の南に位置しています。
(3)この地域(ちいき)は，ヨーロッパとよばれる地域です。フランスは農業，ドイツは工業がさかんな国です。また，イタリアは長ぐつのような形をしています。

㊸ 日本の領土　　43ページ

1　(1)北…イ　南…ア
東…エ　西…ウ
(2)本州(ほんしゅう)

(3)竹島

(4)あウ　いイ　うエ　えア

》考え方 日本の国土は，南北に細長く，日本の北のはしの**択捉島**から，南のはしの**沖ノ鳥島**までの直線きょりはおよそ 3000 km もあります。

　また，日本は，太平洋や日本海などに国土を囲まれており，**北海道・本州・四国・九州**の４つの大きな島と，沖縄島・淡路島など，およそ 7000 の島々から成り立っています。

44 日本の地形　44 ページ

1 (1)A…ク　B…ウ　C…キ
D…カ　E…ケ　F…エ
G…イ　H…ア　I…コ
J…オ

(2)あ信濃川　い関東平野

(3)ウ

》考え方 日本の国土の**約４分の３**は山地です。おもな山脈・山地の名まえとその位置を覚えておきましょう。

　また，日本一長い川は信濃川，日本一広い平野は関東平野です。利根川は，日本一流域面積が広い川です。

45 日本の気候　45 ページ

1 (1)①ア　②カ　③オ　④ウ
⑤イ　⑥エ

(2)名まえ…季節風　向き…B

》考え方 気候を見分けるには，気温はどうなのか，降水量(雨や雪)はどうなのか，その気候を生かしてどのようなことが行われているのかということに着目しましょう。

46 寒い土地と暖かい土地のくらし　46 ページ

1 (1)6月

(2)1月

》考え方 旭川市は北海道のほぼ中央に位置する都市で，まわりを山に囲まれた盆地にあります。このため，夏はすずしく，梅雨もありませんが，冬の寒さがきびしく，日本で最も低い気温(れい下 41℃)を記録したほどです。

2 ❶多い　❷短く
❸水　❹給水タンク

》考え方 沖縄県は，一年中気温が高く，雨が多い気候です。沖縄県は短い川が多いため，降った雨水がたまりにくく，水不足の対策として給水タンクをおいている家があります。また，台風の対策として強風に強いコンクリートづくりにする家も増えています。

47 高い土地と低い土地のくらし　47 ページ

1 (1)長野県

(2)①すずしい
②高く

》考え方 長野県の野辺山原は，標高が高く夏のすずしい気候を利用して，レタス・はくさいなどの**高原野菜**がさかんにつくられています。

2 イ

》考え方 柳川市がある有明海に面した筑紫平野では米づくりがさかんです。

48 日本の農業　48 ページ

1 (1)東北地方

(2)畜産

(3)あじゃがいも

いりんご

(4)イ

考え方 (4)**イ**は，温暖な気候を生かし，**ビニールハウス**などを使って出荷時期を早めて野菜をつくる**促成さいばい**の説明です。宮崎平野や高知平野では，冬でも暖かい気候を利用して，ピーマンの促成さいばいがさかんです。**ア**は，大都市に近い千葉県や茨城県などでさかんな**近郊農業**，**ウ**は，長野県の野辺山原などでさかんな**抑制さいばい**の説明です。それぞれの地域では，気候や立地の条件などを生かした農業が行われています。

49 日本の米づくり　49 ページ

1 (1)代かき

(2)①エ

②ア

(3)① 2 分の 1

② 2000 年

考え方 (2)日本では，いろいろな品種のよいところをかけ合わせる**品種改良**によって，コシヒカリなどのおいしくて育てやすい品種が開発されています。

(3)日本では米の消費量が少なくなるとともに，農業で働く人数も少なくなっています。また，65 才以上の割合が高く，農業をつぐわかい人の数が少ないことも問題となっています。

50 日本の水産業　50 ページ

1 (1)A…親潮(千島海流)

B…対馬海流

(2)潮目(潮境)

(3)A…沖合漁業

B…遠洋漁業

C…沿岸漁業

(4)さいばい漁業

考え方 (2)暖流と寒流がぶつかるところは**潮目(潮境)**とよばれ，プランクトンが多く，魚の種類も量も豊富であるため，よい漁場となります。日本近海では，東北の三陸海岸沖で，寒流の親潮と暖流の黒潮がぶつかっています。

(3)日本の漁業の中で最も漁かく量が多いのは，日本近海で数日がかりで行われる**沖合漁業**です。日本の漁かく量が減っているのは，世界の海で漁業が制限されるようになったことや日本の近海で魚が減ったことなどが原因です。そのため日本では，外国からの水産物の輸入が増えました。

51 これからの食料生産　51 ページ

1 (1)米・たまご(順不同)

(2)だいず・小麦(順不同)

(3)①安い

②日本

(4)地産地消

考え方 日本は，世界の中でも**食料自給率**が低く，食料の多くを輸入にたよっています。しかし，安全性や食料の確保の面で問題も多く，日本は食料自給率を高くすることが課題となっています。

52 日本の工業　52 ページ

1 (1)あオ・A　いエ・A

うア・A　えイ・B

おウ・B

(2)中小工場

考え方 (1)**重化学工業**には，金属工業・機械工業・化学工業があります。また，**軽工業**には，食料品工業，せんい工業，よう業，紙・パルプ工業などがあります。軽工業はいっぱんに大きさのわりに軽い製品をつくります。
(2)日本にある工場のほとんどは中小工場です。中小工場の高い技術が，日本の工業を支えています。

53 工業のさかんな地域　53ページ

1 (1)東京…京浜工業地帯
大阪…阪神工業地帯
名古屋…中京工業地帯
(2)太平洋ベルト
(3)①海　②輸入　③輸出
④空港

考え方 日本では，石油や鉄鉱石などの原材料が船ぱくによって運ばれるため，輸送に便利な沿岸部に工場が集まっています。また，**太平洋ベルト**には工業地帯・地域のほかに，大都市も多く，人口が集中しています。

近年，小型で軽量な精密機器の生産がさかんになり，飛行機や車での輸送も増えているため，海からはなれたところにも工場ができています。

54 日本の自動車工業　54ページ

1 (1)関連工場
(2)①イ　②ア
③ウ　④オ
(3)ア

考え方 自動車１台には，小さなねじまで数えていくと，約３万個をこえる部品が使われています。部品の生産や自動車の組み立てなど作業を分たんすることで効率よく生産しています。また，**関連工場**までを数えると数百もの工場が自動車の生産にかかわります。

55 日本の貿易と運輸　55ページ

1 (1)①飛行機(航空機)
②船ぱく(船)
(2)A…ア
B…ウ
(3)①ア　②イ
③エ　④ウ

考え方 日本は，輸出・輸入ともに**機械類**の割合が最も高いです。また，日本は自動車の輸出も多いです。輸入について，日本は工業に使う原料・材料のとぼしい国なので，**石油**や**液化ガス**などの資源の割合が高くなっています。

56 日本の貿易　56ページ

1 (1)第１位…中国(中華人民共和国)
第２位…アメリカ合衆国
(アメリカ)
(2)4
(3)約５倍

考え方 (2)日本は輸出と輸入のつり合いをとるために，工業製品の多くを海外で生産しています。海外で生産し，生産した国で売ると関税がかからないため，安く売ることができます。また，工業技術を海外に広めることにもつながります。

㊾ 情報とくらし　57ページ

1　(ア→)ウ→オ→イ→エ(→カ)

考え方 テレビのニュース番組をつくるには，まず番組づくりに必要な情報を集め(**情報収集**)，**編集会議**でどの内容を放送するのかを決めます。その後，記者の**取材**内容をもとに，ニュース番組で読まれる原稿をつくり(**原稿作成**)，映像や音声，文字などを編集します(**映像の編集**)。このようにしてできあがったニュース番組が**放送**されます。

2　❶イ　❷エ

考え方 情報を伝える方法や手段を**メディア**といいます。なかでもテレビや新聞などのように，多くの人に大量の情報を送る方法を**マスメディア**といいます。

㊿ くらしと環境　58ページ

1　(1)ウ
(2)ダム

考え方 日本の国土は，森林が約３分の２をしめています。森林は，水をたくわえるはたらきがあり，**緑のダム**とよばれています。森林のないところでは，水はすぐに川に流れ出てしまいます。

2　(1)公害
(2)イ
(3)ラムサール条約
(4)防災
(5)ハザードマップ(防災マップ)

考え方 **公害**には，大気のよごれや水のよごれ，そう音などがあります。日本の経済が大きく発展し始めたころ，**水俣病**(熊本県・鹿児島県)やイタイイタイ病(富山県)，四日市ぜんそく(三重県)，新潟水俣病(新潟県)といった公害が発生しました。

理科

59 種子の発芽 ①　59ページ

1　(1)イ，エ
(2)①イ(と)ウ　②ア(と)イ
③エ(と)オ

考え方 空気，水，**適当な温度**の３つの条件がすべてそろうと，種子は発芽します。２つの実験を比べる場合，どの条件が関係しているかがわからなくなるおそれがあるので，比べようとする条件以外は，すべて同じにしておかなければなりません。種子の発芽に適当な温度が必要かどうかを調べるには，一方のそう置を冷ぞう庫に入れて比べます。冷ぞう庫の中は暗いので，もう一方のそう置は箱をかぶせて暗くしておきます。

2　イ，エ，オ

60 種子の発芽 ②　60ページ

1　(1)ア　(2)子葉
(3)青むらさき色になる。
(4)でんぷん　(5)小さくなる。

考え方 ヨウ素液のもとの色は黄色っぽい茶色をしています。ところが，ヨウ素液にはでんぷんにふれると**青むらさき色**になる性質があります。このような色の変化を**ヨウ素でんぷん反応**といいます。インゲンマメの種子にはでんぷんが多くふくまれていますが，これは発芽するときに養分として使われます。

2　❶発芽　❷でんぷん

61 植物の成長 ①　61ページ

1　(1)①A　②C　③B
(2)①A(と)B　②B(と)C

考え方 日光があたらないと，葉の色は全体的に黄色っぽくなり，くきは細くなります。したがって，肥料（ひりょう）や水をあたえていても，あまりよく育ちません。

植物は水と日光だけでも成長しますが，肥料をあたえたほうがよく成長します。

62 植物の成長 ② 62ページ

1 ❶あてる ❷あてない
❸あたえる ❹あたえる
❺あたえる ❻あてる
❼あたえる ❽あたえる
❾あたえる ❿あたえない

考え方 2つの実験を比（くら）べる場合，比べる条件（じょうけん）以外はすべて同じにしておかなければなりません。日光が必要かどうかを調べるには，日光をあてる場合とあてない場合を比べます。それ以外の水や肥料（ひりょう）などの条件はすべて同じにしておきます。肥料が必要かどうかを調べるには，肥料をあたえる場合とあたえない場合を比べます。それ以外の日光や水などの条件はすべて同じにしておきます。

63 メダカのたんじょう 63ページ

1 (1)ある (2)長い
(3)ふくれている (4)B

2 (1)イ→ウ→ア
(2)養分
(3)はらにあるふくろの中の養分を使って育つから。

考え方 はじめのたまごにはメダカのすがたが見られませんが，しだいにからだの形ができていき，心ぞうが動くのがわかるようになります。25℃くらいの水温では，約2週間でかえります。かえってすぐの子メダカのはらには養分の入ったふくろがあり，かえってから2～3日はこの養分を使って育ちます。

64 メダカの飼い方 64ページ

1 (1)①イ ②ウ (2)オ (3)キ

2 ❶○ ❷× ❸○ ❹×

考え方 メダカを飼（か）うとき，水そうの水は**くみ置きの水**を使い，水を入れかえるときは，水そうの $\frac{1}{3}$～$\frac{1}{2}$ の水を入れかえます。水そうの底にはよくあらったすなや小石も入れます。えさは毎日 2～3 回あたえ，一度に多くあたえすぎないようにします。

65 花から実へ ① 65ページ

1 (1)①ウ ②ア ③エ ④イ
⑤ア ⑥エ ⑦イ ⑧ウ
(2)B (3)めばな
(4)イ，オ

考え方 花には，アサガオのように1つの花に**めしべ**と**おしべ**があるものと，カボチャのように**おばな**と**めばな**に分かれているものがあります。おばなにはおしべ，めばなにはめしべがあります。アサガオもカボチャもめしべの根もとがふくらんでおり，めしべの先におしべの花粉（かふん）がつく（受粉（じゅふん）する）と，このふくらんだ部分が育って実になり，中に**種子**ができます。

66 花から実へ ② 66ページ

1 (1)ア (2)①ア ②イ ③エ
(3)①ウ ②カ ③オ

2 (1)めばな (2)花粉（かふん） (3)A

≫考え方 めばなのつぼみにふくろをかけるのは，花がさいたときにほかのおばなの花粉がつかないようにするためです。A，Bの両方にふくろをかけるのは，花粉以外の条件を同じにして実験するためです。この結果，受粉しためばな(A)には実ができますが，受粉しないめばな(B)には実ができません。

67 もののとけ方 ① 67ページ

1 (1)350 (2)55 (3)52

≫考え方 (2)については，食塩を水にとかしたあとの全体の重さは，水と食塩それぞれの重さの合計になります。

50g+5g=55g

2 ❶○ ❷○ ❸× ❹×

≫考え方 ものが水にとける量にはかぎりがあり，水の量が同じでも，ものによってとける限度の量がちがっています。水にとけるものの量を多くするには，水の量をふやしたり，水の温度を上げたりする方法があります。また，水よう液は時間がたっても全体のこさは変わらず，とけたものは下にたまりません。

68 もののとけ方 ② 68ページ

1 (1)食塩…あまり変わらない(少ししかふえない)。

ミョウバン…ふえる。

(2)ミョウバン

(3)水をじょう発させる。

(4)ろ過

(5)①かべ ②ガラスぼう

≫考え方 食塩とミョウバンをそれぞれとけるだけとかした水よう液を冷やすと，その温度ではとけることのできない分の食塩やミョウバンがつぶとなって出てきます。水の温度を上げるととける量がふえるミョウバンは，冷やすと多くのつぶが出てきますが，水の温度を上げてもとける量が少ししかふえない食塩は，冷やしてもつぶはあまり出てきません。

また，水よう液から水をじょう発させて水の量をへらすと，とけていた食塩やミョウバンのうち，とけきれなくなった食塩やミョウバンのつぶが出てきます。

69 天気の変化 69ページ

1 (1)ア

(2)①西 ②東 ③西 ④東

(3)ア (4)イ，ウ

≫考え方 雲画像で雲がかかっている地いきの天気は，雨またはくもりになっていると考えられます。日本付近では，雲はおよそ西から東へ動いていきます。これにともなって，天気も西から東へ変化していくことが多いです。

また，雲には，いろいろな種類があって，雨や雪をふらせる雲には，**乱層雲**や**積乱雲**があります。

70 台風と天気の変化 70ページ

1 (1)ウ→ア→イ (2)海上

(3)イ (4)ア，エ

(5)ア

≫考え方 夏から秋にかけて，台風が日本の南の海上で発生し，日本がある北のほうへ近づいてきます。この台風の動きにともなって天気が変わっていきます。台風が近づいた地いきでは，強い風がふき，大量の強い雨がふって，こう水や土しゃくずれなどの災害が起こることがあります。

⑴ 流れる水のはたらき ① 71ページ

1 ❶しん食 ❷運ぱん ❸たい積

2 (1)①外側 ②内側

(2)B (3)内側

考え方 川の曲がっている所の外側では流れがはやいため，けずるはたらきが大きく，がけになったり，底が深くけずられたりします。

72 流れる水のはたらき ② 72ページ

1 (1)上流

(2)①ア ②イ ③エ ④ウ

⑤オ ⑥カ

考え方 川の上流は流れがはやいので，川底がけずられて谷ができます。また，川岸がくずれてできた大きくてごつごつした石が多く見られます。川の下流では，流れがゆるやかになるため，運ばれてきた小石やすなが積もります。水のはたらきで下流まで運ばれる間に，石と石がぶつかりあって角がとれるため，石は小さくてまるみをおびています。

2 (1)①はやく ②大きく

(2)ハザードマップ

73 人のたんじょう 73ページ

1 (1)①精子 ②受精 ③受精卵

(2)①たいばん ②へそ

2 (1)①子宮 ②38

(2)①3 ②50

(3)①たいばん ②へそのお

③羊水

(4)①養分

②いらなくなったもの

考え方 胎児の**へそのお**は，母親の子宮のかべにある**たいばん**とつながっています。胎児は，成長に必要なすべての養分をたいばんとへそのおを通して母親から受けとり，いらなくなったものを母親に返しています。このようにして成長した胎児は，約38週たつと生まれます。

74 ふりこの動き方 74ページ

1 (1)ウ

(2)ふりこの長さを長くする。

2 (1)①変わらない

②変わらない

③長くなる

(2)ア(と)イ ウ(と)エ

考え方 ふりこが１往復する時間は，ふりこのふれはばやおもりの重さに関係なく，ふりこの長さだけで決まります。ふりこの長さが同じであれば，ふりこのふれはばやおもりの重さをかえても１往復する時間は同じになります。しかし，ふりこの長さを長くするほど，１往復する時間も長くなります。

75 電磁石の性質 75ページ

1 (1)①コイル ②電磁石

(2)①N ②S

考え方 コイルに鉄心を入れて電流を流すと，鉄心は**電磁石**になります。

かん電池のつなぎ方を反対にして，電流の向きを反対にすることで，電磁石のN極とS極を入れかえることができます。

2 ❶イ ❷ア ❸エ ❹ウ

❺カ ❻オ

⑯ 電磁石の強さ　76ページ

1 (1)①ア　②イ

　(①と②は順不同)

　③強くなる

(2)①ア　②ウ

　(①と②は順不同)

　③強くなる

»考え方 2つの実験を比べる場合，比べる条件以外はすべて同じにしておかなければなりません。コイルのまき数と電磁石の強さの関係を調べるには，コイルのまき数以外の条件(電流の大きさ，かん電池の数など)をすべて同じにします。電流の大きさと電磁石の強さの関係を調べるには，電流の大きさ以外の条件(コイルのまき数など)をすべて同じにします。この結果，コイルのまき数が多いほど，また，コイルに流れる電流が大きいほど，電磁石の強さは強くなることがわかります。

2 (1)①直列　②＋

(2)①5 A　②500 mA

国語

⑰ 漢字の成り立ち　77ページ

1 ❶ア　❷ウ　❸エ

❹イ　❺エ　❻ア

2 ❶天　❷性　❸明　❹羽

»考え方 ❶は「頭上の空」という意味から，形の似た「夫」としないように注意しましょう。❷「心を表す部首」には「忄(りっしんべん)」と「⺗(したごころ)」などがあります。

⑱ 部　首　78ページ

1 ❶のぎへん　❷てへん

❸けものへん　❹ころもへん

❺ごんべん　❻おおがい

2 ❶細・組・線・終・結　など

❷算・筆・等・箱・笑　など

❸京・交　など

3 ❶連　❷院　❸祝　❹法

⑲ 漢字の読み書き ①　79ページ

1 ❶とう(さん)　❷ねえ(さん)

❸おお(い)　❹こづつ(み)

❺おお(きい)　❻おうさま

❼はなぢ　❽こおり

2 ❶生徒　❷児童　❸辞典

❹欠席　❺給食当番　❻観察

❼卒業　❽積極的　❾残念

❿印象

≫考え方 ❸「国語辞典(言葉を集めたもの)」は,「百科事典(事物を集めたもの)」や,「かな字典(文字を集めたもの)」とまちがえないようにしましょう。

⑧⓪ 漢字の読み書き ② 80ページ

1 ❶ふっこう ❷そしき
❸るすばん ❹せんどう
❺あつぎ ❻ぎゃっこう
❼かねんせい ❽じょうぎ

2 ❶大統領 ❷額 ❸設ける
❹複製 ❺採る ❻寄付
❼迷う ❽快適 ❾保険
❿破れる

⑧① 物語を読む ① 81ページ

1 A…キ B…ケ C…カ
D…イ E…エ

⑧② 物語を読む ② 82ページ

1 (1)(例)転校したくなかったから。
(2)(例)大樹(たいき)の気持ちを落ち着かせるため。

⑧③ 説明文を読む ① 83ページ

1 (1)(例)束ねた断面(だんめん)が丸くなる。
(2)ウ (3)丸く

⑧④ 説明文を読む ② 84ページ

1 (1)(例)世界のウミガメ類の生存(せいぞん)。
(2)イ (3)直

⑧⑤ 言葉のきまり ① 85ページ

1 ❶エ・カ・キ ❷イ・ウ・ク
❸ア・オ

2 (1)❶オーロラ・国
❷見える・おとずれる
❸美しい・遠い
(2)❶弟・すがた
❷遊ぶ・思う
❸楽しく・かわいい

⑧⑥ 言葉のきまり ② 86ページ

1 ❶ごみぶくろ ❷ふなのり
❸ねがいごと ❹かわくだり
❺みおくる

2 ❶兄が 妹に よばれた。
❷父が 妹に 兄を よばせた。

3 ❶だから ❷しかし
❸だから

≫考え方 ❶・❸は,前の文がそのままあとの文につながっています。❷は,前の文とあとの文が反対の内容(ないよう)になっていることに着目しましょう。

⑧⑦ 漢字の読み書き ③ 87ページ

1 ❶とっこうやく ❷でんじゅ
❸さらいねん ❹えいえん

❺ひばいひん　❻ぼぜん

❼ぶんかざい　❽えきしゃ

2　❶現す　❷示す

❸殺す　❹絶える

❺過ぎる　❻増える

❼険しい　❽修める

❾似合う　❿測る

》考え方 ❶すがたや本質(ほんしつ)を見えるようにする場合は「現(あらわ)す」，考えや感情(かんじょう)をおもてに出して知らせる場合は「表す」と書きます。❿「測(はか)る」は物の深さ・高さ・長さ，「量る」は重さ・かさなどを調べるときに使います。また，「計る」は時間など物の数を数えるときに使います。

88 漢字の読み書き ④　88ページ

1　❶ひりつ　❷きょうかいせん

❸よぶん　❹こうしゃ

❺かのう　❻ちょうかん

❼ぞうげん　❽ふさい

2　❶任せる　❷営む

❸責める　❹効く

❺志す　❻慣れる

❼張る　❽快い

❾断る　❿救う

89 詩を読む ①　89ページ

1　①なれ―お前

②そも―いったい

③うきね―ねる場所が決まっていない

④流離(りゅうり)―遠い地をさまよう

⑤いきょう―生まれた所とちがう場所

》考え方 遠い島から流れ着いた「やしの実」について，**文語**(昔使われていた書き言葉)で書かれた詩です。

90 詩を読む ②　90ページ

1　(1)① いう　② かえりきぬ

(2)**イ・エ**

》考え方 (1)**歴史的かなづかい**を，**現代(げんだい)かなづかい**に直すおもなきまりは次の表のとおりです。

歴史的かなづかい	現代かなづかい
は･ひ･ふ･へ･ほ	わ･い･う･え･お
ぢ・づ	じ・ず
「アウ」の音 (例)まうす(申す)	「オウ」の音 (例)もうす
「イウ」の音 (例)うつくしう	「ユウ」の音 (例)うつくしゅう
「エウ」の音 (例)てふ(蝶)	「ョウ」の音 (例)ちょう

91 漢字の読み書き ⑤　91ページ

1　❶じょぶん　❷こうかい

❸こうせき　❹きょうみ

❺そこう　❻ふんまつ

❼じたい　❽ちょうさ

2　❶囲う　❷招く　❸逆らう

❹解く　❺飼う　❻防ぐ

❼喜ぶ　❽独特　❾損失

❿心境

㉒ 漢字の読み書き ⑥ 92ページ

1 ❶そせん ❷ざいあく ❸きょうぎ ❹げんざい ❺しゅえい ❻しょうどく ❼せいぎ ❽ゆうえき

2 ❶率いる ❷分厚い ❸勢い ❹右往左往 ❺貯金 ❻成績 ❼山脈 ❽編む ❾混ぜる ❿芸術

㉓ 物語を読む ③ 93ページ

1 (1)(例)陽気で楽しい性格(せいかく)の人(という意味)。

(2)(例)その事についてくわしく知っている人(という意味)。

㉔ 物語を読む ④ 94ページ

1 (1)(例)以前にきいたことのある話だという意味。

(2)イ

≫考え方 (1)ここでの「新しい物語」とは，「きいたことのない話」のことです。

(2)「自分でやったことをやったと言う」ことを意味します。

㉕ 説明文を読む ③ 95ページ

1 (1)(例)粘度(ねんど)が高い(という特ちょう)。

(2)ア (3)半

≫考え方 (3)直前の「それ」は、ラウドがボールペンを考え出した1888年を指します。ビロが開発に成功したのは1943年なので、55年ほどたっています。

㉖ 説明文を読む ④ 96ページ

1 (1)ウ (2)交代

(3)(例)ヒナが食べる量が多くなるから。

㉗ 和語・漢語・外来語 97ページ

1 ❶ア ❷イ ❸ウ ❹イ ❺ウ ❻ア

≫考え方 和語は訓読み、漢語は音読みの言葉です。外来語はかたかなで書かれます。

2 ❶和語 みもの
漢語 けんぶつ
❷和語 ひとけ
漢語 にんき
❸和語 としつき
漢語 ねんげつ

3 ❶(例)台所 ❷(例)水泳 ❸(例)飲み物 ❹(例)速さ ❺(例)芸術(げいじゅつ) ❻(例)伝言 ❼(例)意見 ❽(例)科学

㉘ 意味をそえる言葉 98ページ

1 ❶イ ❷オ ❸ウ ❹エ ❺ア

2 ❶オ ❷ウ ❸エ ❹ア ❺イ

⑲99 敬　語 ①　99ページ

1 ❶イ　❷ウ　❸ア

2 ❶ウ　❷ア　❸イ　❹イ
❺ア　❻ウ　❼イ

》考え方 動作の主語が相手なら尊敬(そんけい)語、自分や身内(家族や仲間)ならけんじょう語です。ていねい語は「です・ます・ございます」をつけます。

100 敬　語 ②　100ページ

1 ❶イ　❷エ　❸オ
❹ア　❺ウ

2 ❶エ　❷ア　❸ウ
❹オ　❺イ

101 作　文 ①　101ページ

1 ❶ア　❷ア　❸イ
❹ア　❺イ

》考え方 **意見**は「その人が考えたこと」，**事実**は「本当にあったこと・だれでも確(たし)かめられること」です。文章を読んだり書いたりするときは，**意見か事実か**をしっかり区別することが重要です。

102 作　文 ②　102ページ

1 (例)

❶生活がいそがしいときには，料理の時間を短くするための便利なものとして，インスタント食品を利用するのもよいだろう。

❷パソコンで書かれた手紙は，文字の大きさや形が整っていて受け取った人は読みやすい。また，文字の書きまちがいも少ないので，用件を正確(せいかく)に伝えたい場合は，パソコンで書いたほうがよいと思う。

》考え方 意見文を書くときには，まず賛成(さんせい)か，反対か，自分の立場をはっきりさせましょう。そのうえで，**意見と理由**を書くようにしましょう。

103 物語を読む ⑤　103ページ

1 (1)(例)鉄ぽうのたまがとどいてしまうくらい近い場所(という意味)

(2)**ウ**　(3)ガン・手に入れて

》考え方 (2)「非常(ひじょう)にはら立たしく感じる」という意味です。

104 説明文を読む ⑤　104ページ

1 (1)水

(2)(例)はっきりわかるくらい目立って、という意味。

(3)(例)変化する川の流れをうまく利用する術(すべ)。

》考え方 (2)は「明らかに」や「めざましく」など同じ意味の内容(ないよう)が書いてあればよいです。